George Grosz

dargestellt von Lothar Fischer
unter Mitarbeit von Helen Adkins

Rowohlt

rowohlts monographien begründet von Kurt Kusenberg
herausgegeben von Wolfgang Müller und Uwe Naumann

Redaktionsassistenz: Katrin Finkemeier
Umschlaggestaltung: Walter Hellmann
Vorderseite: George Grosz in Berlin, Juni 1928.
Foto: Alex Binder
(Lothar Fischer, Berlin)
Rückseite: Gegensätze. Tuschpinsel-Zeichnung, um 1917
(Staatsgalerie Stuttgart)
Frontispiz: Grosz auf Berliner Trümmern, 1958

Veröffentlicht im Rowohlt Taschenbuch Verlag GmbH,
Reinbek bei Hamburg, Juni 1976

Satz Times (Linotronic 500)
Gesamtherstellung Clausen & Bosse, Leck
Printed in Germany
ISBN 3 499 50241 0

Vollständig überarbeitete Neuausgabe
5. Auflage September 2001

Inhalt

George Grosz in Douglaston, Long Island, 1945

Kindheit in Berlin und Stolp

Als er am 26. Juli 1893 in Berlin geboren wurde, hieß George Grosz noch etwas unauffälliger und deutscher Georg Ehrenfried Groß. Er war das dritte Kind des Gastwirts Karl Ehrenfried Groß. Dessen erste Frau war nach der Geburt der Tochter Cläre gestorben, und der Witwer heiratete Marie Wilhelmine Luise Schultze, die Tochter eines Korbmachers aus Finsterwalde. Sie war eine fleißige und praktische Frau und als gute Köchin ein Gewinn für seinen Gastwirtsbetrieb. Nach der zweiten Tochter, Martha, wurde der einzige Sohn geboren: Georg Ehrenfried, Stolz der Familie und besonderer Liebling der Mutter.

Beide Schwestern sind später – und das ist bemerkenswert, denkt man an die frühen Amerika-Phantasien in den Groszschen Zeichnungen und Bildern und an seinen eigenen Lebensweg – unabhängig voneinander in die USA übergesiedelt und dort geblieben. Die ältere Schwester Cläre, Frau eines jüdischen Arztes, ging nach New York; Martha war zunächst verheiratet mit einem amerikanischen Ingenieur und wurde später Leiterin eines Schauspielerinnen-Wohnheims in Hollywood.[1]

Grosz hat sich immer als einen Jungen beschrieben, der vom *flachen Lande* in die Stadt kam. Das ist nicht ganz richtig, wenngleich er es auf die spätere Zeit seiner Kindheit in Hinterpommern bezieht.

Geboren wurde er in einem Haus in der Jägerstraße 63, einer Querstraße der Friedrichstraße. Sein Vater hatte dort ein Lokal, die «Bauern-Schänke». Das Geburtshaus wurde im Zweiten Weltkrieg durch Bomben zerstört.

Immerhin hat Grosz die ersten fünf Jahre seines Lebens genau in der Mitte Berlins verbracht, nicht weit vom Werderschen Markt und dem Französischen Dom.

Der Vater verkaufte das Restaurant und eröffnete kurz danach ein Buchantiquariat, verlor aber sein Geld.[2] 1898 wurde er schließlich Kastellan und dienender Bruder der Freimaurerloge in Stolp/Pommern, und die Familie zog in dieses kleine Städtchen nahe der Ostsee. In seiner Autobiographie *Ein kleines Ja und ein großes Nein* beschreibt Grosz die Erinnerung an die Kindheit:

Es war schön und gemütlich oben bei meinem Vater. Auf dem großen

Teppich, neben dem behaglich glühenden und wärmenden amerikanischen Dauerbrandofen, lag ich vergraben in die sensationellen Illustrationen vom russisch-japanischen Kriegsschauplatz oder von den mutigen Kämpfen der deutschen Schutztruppe im afrikanischen Busch. Wöchentlich einmal kamen die Hefte, die in dem sogenannten Journallesezirkel vereint waren: die «Gartenlaube», «Über Land und Meer», die «Fliegenden» und die «Meggendorfer Blätter» und die «Deutsche Romanzeitung». Aber nichts ging mir über die «Leipziger Illustrierte», die eben jene wunderbaren Zeichnungen von den damaligen Kriegsschauplätzen brachte – und Krieg gab es ja nun einmal immer irgendwo in einem fernen Land.[3] Die Darstellungen regten die Phantasie des Jungen an, und er erinnert sich auch, wie der Vater ihn auf seinen Schoß nahm und für ihn allerlei Getier auf die Papiertischdecke kritzelte.

Ich hatte es gern, in seiner Nähe zu sein und zuzusehen, wie er mit Flaschen und Gläsern hantierte. Denn er mußte das Büfett für den Abend zurechtmachen, und ich liebte die Formen und Etiketten der Flaschen, freute mich über die bunten Bilder auf den Zigarrenkisten und versuchte auch wohl, manches nachzuzeichnen.[4] «An seinen Vater hatte er später nur eine sehr schwache Erinnerung, so wie man schwache Erinnerungen positiv überschätzt»[5], berichtet Grosz' Sohn Peter. 1900 starb der Vater. Er hatte Zucker, wohl auch davon, daß er selbst zu oft und zu viel von den ihn umgebenden Flaschen gekostet hatte. «Bei der Leichenfeier kippte der sechsjährige Georg einen Likör namens Persiko-mit-Rosen.»[6] Für ihn und die Familie begann nun eine Zeit der sozialen und finanziellen Unsicherheit. *Als mein Vater starb, zog meine Mutter mit uns nach Berlin. Wir wohnten dort in der Wöhlertstraße nahe dem Wedding, einem Kohlenplatz gegenüber; das übliche Schild mit den schwarzen gekreuzten Hämmern erscheint mir noch manchmal wie ein pessimistisches Denkzeichen. Hinter der geteerten Brandmauer war der übliche Durchblick auf den Hinterhof, die graue Großstadtkulisse aus Asphalt und Stein, und ich sehnte mich nach Stolp, nach Wald, Wiese, Fluß und heuduftenden Sommertagen.*[7] Seine Mutter, die sich des billigeren Wirtschaftens wegen mit ihrer Schwester zusammengetan hatte, vermietete Zimmer, gab Mittagstisch und nähte für einen Großunternehmer Blusen. *Hier fand in mir zum erstenmal jener Großstadtpessimismus ein Echo, die lastende kaschierte Armut der kleinen Leute, die öden trüb geschäftigen Straßen um den Wedding herum – all das trat damals in mein Bewußtsein, grub sich mir ein – ich habe diese mageren Jahre in Berlin damals nicht vergessen und fand erst viele Jahre später einen Ausdruck für das Erlebte.*[8]

Georg wurde eingeschult in die Realschule in der Artilleriestraße. Seine Mutter wollte, daß er später «Einjähriger» wurde oder eventuell Reserveoffizier. Der erste Schultag verlief wie ein Alptraum. Der Lehrer verhöhnte ihn vor der Klasse mit dem Vers: «Wo komm denn die Kaschuben her? Es gibt so viel wie Sand am Meer: aus Stolp, aus Stolp, aus

Der Vater: Karl Ehrenfried Groß. Bleistiftzeichnung, um 1907

Stolp.» *Ich war vollständig rot, ich war vernichtet. Aber trotzdem, wenn man auch vernichtet ist, Hunger hatte ich trotzdem. Und meine Mutter hatte mir ein schönes Butterbrot mitgegeben... Ich stand neben einer Pfütze... und plötzlich kam der kleine Pelz, Pelz hieß der... und stieß mir hinten in die Kniekehlen. Und ich fiel hin. Und diese Pfütze! Und das Butterbrot auch! Nun stellen Sie sich mal die Demütigung vor für einen kleinen Jungen! Das führe ich heute immer an, ich weiß nicht, ob's stimmt, aber daher bin ich Satiriker geworden. Das ist die Ursache... Ich wurde nun nicht etwa ein Romain Rolland. Ich hätte ja auch ein großer Menschenliebhaber werden können, ich hätte zum Beispiel ein Leonhard Frank werden können. Der Mensch ist gut oder so... Nein, an Stelle dessen wurde ich ein Pelz, der auch Menschen von hinten in die Kniekehlen – Das Gesetz von Hieb und Biß; das lernte ich damals. Klingt ein bißchen übertrieben, aber jedenfalls mußte ich, um mich zu wehren, auch eine Schutzfarbe annehmen.*[9] Er hat mehrfach geäußert, daß er dieses Erlebnis sein ganzes Leben lang nicht vergessen konnte. Sein späterer Freund, der Verleger Wieland Herzfelde, hat gleich bei seiner ersten Begegnung mit Grosz

Die «Bauern-Schänke», Jägerstraße 63

etwas davon gespürt. Auf dem Nachhauseweg sagte er zu dem Maler Heinrich Maria Davringhausen: «Den muß als Kind einmal etwas entsetzlich enttäuscht haben. Seitdem glaubt er nicht mehr.»[10] *Oft noch*, so schreibt Grosz, *empfand ich die ungeheure Bösartigkeit, Einsamkeit und Verlorenheit, die ich auf dem Schulhof in der Artilleriestraße verspürte. Ich fand diesen Menschentyp dann in fast allen Lebenslagen wieder; es war, als hätte ich damals ein tieferes Gesetz der Brutalität entdeckt, aber gleichzeitig damit das immer und ewig vorhandene Lachen der Schadenfreude.*[11]

Die Zeit im tristen Norden Berlins dauerte nicht lange. Schon im nächsten Jahr übernahm die Mutter die Bewirtschaftung des Offizierskasinos der in Stolp stationierten Fürst-Blücher-Husaren. Grosz spricht von einer glücklichen Jugendzeit. *Ich lebte unbehelligt und frei... Auf der Bleichwiese spielten wir Trapper und Indianer. Im Zeichen Lederstrumpfs und Karl Mays beschossen wir uns gegenseitig mit Luftbüchsen und selbstgemachten Katapulten.*[12] Er lobt das Leben auf dem Lande oder in kleinen Städten: *Überall ist die Natur nah, Felder und Wiesen beginnen hinter den Häusern, und der Wind... weht kräftig und frisch von der See herein... Asphaltdecke und Steinplatten isolieren dich noch nicht von der darunterliegenden Erde. Eine jetzige Vorliebe von mir für Gräser und Halme und für die vom ewigen Winde bewegten Sandmassen der Dünen, ja eine*

Fähigkeit des Sichversenkens in scheinbar kleine Dinge mag von jenen Kindheitseindrücken herrühren.[13] In seinen ersten, im Nachlaß erhaltenen Skizzenbüchern aus dem Jahre 1905 finden sich Indianer, Cowboys und Soldaten mit rauchenden Colts, Hunde in verschiedenen Stellungen, Kopien nach Zeichnungen von Wilhelm Busch, sächsische Dorfkirchen, Skizzen nach Kitsch-Ölbildern wie «Frühlingstag in den Lagunen von Venedig» (nach M. Wielandt), Kopien aus Grützners Skizzenbuch «Bergführer». Grosz hatte eine besondere Vorliebe für den *berühmt-berüchtigten Eduard Grützner*, an dessen Mönchs- und Kellerszenen er sich nicht satt sehen konnte und dessen Velhagen & Klasing-Künstlerbiographie er als Weihnachtsgeschenk erhalten hatte.[14] *Meistens zeichnete ich Ritterszenen mit hochgelegenen, romantischen Burgen und Zugbrücken im Hintergrund. Ich zeichnete Pferde und alte Bellinghusaren am Wachtfeuer, aber auch romantische Wanderburschen, Abschied nehmend von der Mühle im Tal am Waldesrand. Die Soldatenszenen hatten ihren Ursprung meist im oberen Stock des Kasinos; da hingen Hunderte von kleinen und größeren Aquarellen alles Uniformbilder oder reine Kostümdarstellungen. Auch Ölbilder hingen da, die Waffentaten der Blücherhusaren verewigend; eine Reiterattacke von C. Röchling blieb mir lange in Erinnerung.*[15]

Noch 1938 hat Grosz zwei Versionen dieses Historiengemäldes «Die 32er greifen auf der Spichener Höhe an» unter dem Titel *A Piece of My World (Ein Stück meiner Welt)* gemalt, Ratten und verwilderte Gestalten hinter einem Banner, das nichts mehr bedeutet: ein Zukunftsalptraum.

Seine ersten bildnerischen Anregungen empfing er aber nicht nur aus Zeitschriftenabbildungen und Ölbildern seiner Umgebung, sondern auch aus dem zeitpolitischen Geschehen. Eine Zeichnung aus dem Jahre 1906 (Abb. S. 14) zeigt bereits seinen Sinn für Dramatik, die ihren Ursprung in sozialen Konflikten hat: ein Arbeiter schießt auf einen feingekleideten Bürger, ein Polizist mischt sich mit dem Schlagstock parteinehmend ein, in der oberen rechten Ecke des Blattes eine zum Aufruhr bereite Zuschauermenge.

Es waren die besonders blutrünstigen Geschichten und Schauerromane, die die Phantasie des Jungen erregten. Neben «Räuberhauptmann Zimmermann, der Freund der Armen, der Schrecken der Tyrannen», «Dornröschen oder die Verfolgung um die Erde» erinnert sich Grosz an ein Heft mit dem Titel «Das Menschenschlachthaus von Soho». *Mabel King, der weibliche Detektiv, Texas Jack, der kühne Rauhreiter, und der Kapitän Stürmer waren unsere Vorbilder und Helden... Viele dieser schönen Geschichten spielten in Amerika, in einem romantischen Vorkriegs-Amerika. Ich weiß nicht, ob man diese Jugendlektüre für eine mir heute noch anhaftende Amerikaschwärmerei verantwortlich machen soll. Jedenfalls war damals Amerika das Land meiner Sehnsucht.*[16] *Es war ein schöner Tagtraum, und dieser währt ja bei vielen, besonders bei künstlerischen Menschen das ganze Leben lang.*[17] Später, im Mai 1942, hat Grosz in einem Brief an Hans Borchardt resignierend wiederholt, daß er im Grunde nichts weiter tue, als das *bißchen Magie* seiner Kindheit immer wieder auszubeuten und zu verkaufen. In einem Interview erzählte er von einem Besuch des älteren Bruders seines Schulfreundes Georg Albrecht in Stolp, der nach Amerika ausgewandert war. Für den Jungen war der Heimgekehrte eine göttergleiche Figur, als er ihn in eine Konditorei einlud, alles bezahlte und ihm noch dazu einen Dollar schenkte. Er träumte davon, später selbst nach Nordamerika zu gehen. In seinem Kopf verschmolzen Inkakönige mit Winnetou und verwandelten sich wiederum in den Bruder von Georg Albrecht mit den glänzenden Patent-Lackschuhen.

Der Stolper Buchhändler Schönboom wurde sein Gönner. Grosz durfte sich in der Kunstabteilung des Ladens Kunstblätter anschauen. Im Schaufenster stellte er die Kopie eines Genrebildes aus der «Gartenlaube» aus, die schließlich an einen Gutsbesitzer verkauft wird. Es brachte ihm sein erstes mit «Kunst» verdientes Geld ein: 4 Mark 85.[18]

Einen unauslöschlichen Eindruck machten auf mich die Greuelpanoramagemälde auf den Jahrmärkten und Schützenfesten... Oft gaben auch wirkliche Gegenstände, geschickt beleuchtet und trickmäßig angeordnet, dem Gemälde größere Realität; man schritt sozusagen selbst ins Bild hinein. Die perspektivische Illusion war immer enorm lebendig... Trotz ihrer rohen Mache und malerischen Mängel waren die Bildrollen außerordentlich einprägsam und drückten häufig das Gegenständliche sehr lebendig, einfach und suggestiv aus.[19] *Vielleicht hatte das*, fragt er an anderer Stelle, *einen Einfluß auf mein späteres Leben und Reifen – wer kann das sagen? Viele haben ja alles vergessen. Und warum packte es gerade mich? War ich auserwählt, Schrecklichkeiten zu bestehen, und zeigte mir eine höhere Macht, wenn auch auf primitive Weise, Schrecken, Blut und Mord im voraus? Mir war das verborgen. Ich war nur entzückt davon, wie heutzutage viele Jungens von amerikanischen «comic strips» entzückt sind.*[20]

Ulrich Becher, ein Privatschüler aus der Berlin-Zeit, hat noch auf einen weiteren Einfluß aufmerksam gemacht, den er als möglichen «Schlüssel zur Dämonologie seiner Kunst» bezeichnet: «In dem Stolp benachbarten Fischerdörfern hausten noch Angehörige des Stamms der ‹Kaschuben› (für die Grass noch zuständiger zu sein scheint als Grosz), Nachfahren von Seeräubern, samt ihren Kobolden, gefährlichen Mythen, blutrünstigen Märchen. Ein slawisierter Wotan oder Odin, der auf dem Sturm reitende Wotan mit seiner wilden Jagdkumpanei war dort in jeder Hütte zu Gast.» Becher folgert daraus: «Kriegerkaste, Kadavergehorsam, pseudoziviles Kleinbürgertum, blutrünstiger Mystizismus – Elementarkräfte, die dem Nazismus ein Vierteljahrhundert später zum Ausbruch helfen sollten, drangen schon damals auf den Knaben ein, prägten ihn negativ, rührten ihn auf. Grosz entwanderte seiner Kindheit als Rebell.»[21]

Die Mutter: Marie Wilhelmine Luise Groß, geb. Schultze. Bleistiftzeichnung, 1925

Von 1902 bis 1908 besuchte er die Oberrealschule in Stolp. Seine Mitschüler waren *meist Jungen vom Lande, Gutsbesitzersöhne und Söhne kleiner Beamter und ehrgeiziger Mittelstandsfamilien*[22]. Er beschreibt die Erziehungsmethoden der protestantischen Reserveoffiziere mit Ironie und Abscheu. *Was uns erzog, war im Grunde der schwarz-weiß-rote Rohrstock.*[23] Oder: *Unsere Lehrer waren Diktatoren, wir Schüler hatten das Maul zu halten... Der Schlußstrich meiner Schulzeit war eine in Obertertia dem sonst nicht üblen Lehramtskandidaten Pingkwardt zurückgegebene kräftige Ohrfeige, eine Zorneshandlung meinerseits...*[24] Der Bittgang der Mutter zum Direktor blieb vergeblich. Der Beschluß des Lehrerkollegiums wurde nicht zurückgenommen, und die Zukunft erschien *düster bewölkt*[25].

Irgend jemand erzählte ihm, daß man mit Karikaturen viel Geld verdienen könne. Grosz sandte nun seine Zeichnungen, die er an die «Liniensti-

«Straßenszene». Federzeichnung in einem Schulheft, 5. Mai 1906

listik» des Jugendstils anlehnte, an die Redaktionen mehrerer Witzblätter. *Einfachheit und Komik schwebten mir wohl vor, und durch das Betrachten alter und neuer Witzblattzeichnungen glaubte ich meinen «Stil» zu finden.*[26] Immer wieder erhielt er die üblichen vorgedruckten Absagebriefe. Hätte ihn nicht sein Zeichenlehrer Papst, der auch noch nach der Verweisung von der Schule zu ihm hielt, in seinem Wunsch, ein Studium an der Kunstakademie zu beginnen, bestärkt und immer wieder, besonders der besorgten Mutter gegenüber, das künstlerische Talent des Sohnes betont, so wäre nichts aus Grosz' Ambitionen geworden. Adolph von Menzel wurde nach Grützner zum neuen Idol des fünfzehnjährigen Georg, und er hoffte ernsthaft, einen mit 3000 Mark dotierten Menzel-Preis, den die «Berliner Illustrirte Zeitung» für junge Illustratoren ausgesetzt hatte, zu gewinnen, um sich damit unabhängig zu machen. *Ich zeichnete, was mir vor den Bleistift kam: nacheinander alles mögliche aus Haus, Hof, Küche und Keller ...*[27] Wenngleich sich die Hoffnung auf den Preis als irreal erwies, so gelang es doch dem Zeichenlehrer, die Bedenken der Mutter gegen eine brotlose Malerexistenz zu zerstreuen, *und sie entschloß sich schweren Herzens zu einer Berufswahl für mich, die so unsicher war wie ein Los in der Lotterie*[28].

Studienjahre in Dresden

Grosz hatte von seinem Zeichenlehrer Papst die handwerklichen Grundtechniken gelernt: *... auf blauem Tonpapier nach einer Gipsbüste. Ich zeichnete mit Kohle, vollendete in schwarzer Kreide und lernte am Schluß sorgfältig mit weißer Kreide die Lichter zur Erhöhung des plastischen Eindrucks aufzusetzen.*[29] Er bestand die Aufnahmeprüfung an der Dresdner Kunstakademie bei Professor Robert Sterl glänzend. Regelmäßig stand er nun morgens früh auf, fuhr von der Vorstadt Striesen nach der Brühlschen Terrasse, um rechtzeitig seine Arbeit in der Unterklasse zu beginnen. Sein Leben ähnelte dem eines Rekruten beim preußischen Militär. Grosz hat in seiner Autobiographie mit Abscheu das tödlich langweilige Kopieren von Gipsabgüssen beschrieben, das nur zweimal im Monat unterbrochen wurde durch Zeichnen nach lebendem Modell.[30] Sein Ziel war es, Maler zu werden, allerdings zunächst noch ein Maler nach den Erfahrungen und Wertmaßstäben seiner Kindheit in der Provinz. Die Vorstellung vom drallen Mädchen, das dem Husaren zu Pferde einen Becher goldenen Weines reicht, geriet etwas ins Wanken durch die Erzählungen seiner Mitstudenten, die Monets impressionistische Heuhaufen kannten. Grosz war davon zunächst nicht zu überzeugen; ihm war ein Heuhaufen als Bildinhalt einfach zu wenig. Zusätzlich wählte er Unterricht in Komposition bei Raphael Wehle. Als einziger Schüler Wehles, eines religiösen Historienmalers, bearbeitete er das ihm auferlegte Thema Sintflut: *Haufen sich-retten-wollender angeklammerter Menschlein mit vielen Tieren darunter.*[31] Alle diese Versuche zu «komponieren», so auch einen Christus im Garten von Gethsemane, unternahm er ohne Kenntnisse im Aktzeichnen. Schließlich gab er enttäuscht das Arbeiten in dieser Richtung auf, da unfreiwillig Zerrbilder und Karikaturen entstanden.

Mit vielen Altersgenossen, die wie Grosz 1909 mit dem Studium in Dresden begonnen hatten, verband ihn Freundschaft, so mit Otto Dix und Otto Griebel, deren weiterer Weg nach dem Ersten Weltkrieg über eine sozialkritische, veristische Kunst zur späteren Brandmarkung als «entartete Künstler» führte.

Viel bedeutete ihm auch der Studienfreund Curt Großpietsch, der in einer Kubin-ähnlichen Phantastik die Vision des Todes und des Abgrundes immer neu gestaltet hat. Herbert Kittelsen, ein Mitstudent aus Norwegen, machte Grosz mit den phantastischen Geschichten Gustav Meyrinks und Hanns Heinz Ewers' bekannt. Um 1910 lernte er die ersten Zeichnungen von Kubin und Ensor kennen und wurde selbst zu einem eifrigen Leser, wobei allerdings nach solchen *Ausflügen in die Irrealität* sein kritischer Verstand und sein Skeptizismus wieder rasch die Oberhand gewannen. Von einem anderen Kommilitonen, Barkus aus Prag, erhielt Grosz Anregungen, sich mit den künstlerischen Strömungen der Zeit auseinanderzusetzen. Sie nahmen Bücher über van Gogh und Nolde mit in die Klasse und freuten sich über die Schimpfkanonaden ihres Professors, der mit solchen «Schmierereien» das Ende aller Kunst kommen sah.

Es war die Zeit der Gruppenaktivitäten. In Frankreich traten die frühen Kubisten als Weiterführer der Ideen Cézannes auf, Delaunay und Chagall fanden Beachtung. *Die Dresdener Künstlergruppe «Die Brücke» folgte primitiven Spuren. Es waren dies Maler, die wie wilde Neger malen wollten, nur mit den einfachsten vier oder fünf Grundfarben.*[32] In München bildete sich die Gruppe «Blauer Reiter». Die Studenten begeisterten sich für die neuen, vielfältigen freien Möglichkeiten des Umgangs mit der Farbe. Aber das alles spielte sich weitgehend außerhalb der akademischen Mauern ab. So war Grosz hin- und hergerissen zwischen seinen rein handwerklichen Pflichtübungen, die nur auf die Wiedergabe von Details gerichtet waren, und seinem autodidaktischen Studium japanischer und chinesischer Farbholzschnitte sowie den Bildern Edvard Munchs und Toulouse-Lautrecs. Der Besuch einer Ausstellung der «Simplicissimus»-Zeichner Bruno Paul, Emil Preetorius und Olaf Gulbransson beeindruckte ihn so stark, daß er sich vornahm, seinen «Stil» zu ändern.

Bei allen seinen Versuchen wurde er von einem dunklen Bedürfnis nach sichtbarer Anerkennung, verbunden mit finanziellem Erfolg, angetrieben. Er gab alle großen Ideen, Historiengemälde oder dergleichen zu komponieren, auf und fuhr fort, Zeichnungen an Witzblätter zu versenden, die allerdings weiterhin stets zurückkamen; bis eines Tages, am 4. Februar 1910, der «Ulk», die satirische Wochenbeilage des «Berliner Tageblatts», eine Zeichnung veröffentlichte. Grosz war unbeschreiblich stolz auf diesen Erfolg; denn immerhin war das «Berliner Tageblatt» eine der größten Zeitungen Deutschlands. Die Zeichnung – sie zeigt zwei Männer, die ein vorbeigehendes Paar beobachten – ist auch das früheste bekannte Beispiel für die veränderte Signatur von Groß. Sicherlich schrieb er damals seinen Namen in Jugendstillettern GROSZ, weil sich ein ß schlecht einpassen ließ.

Von seinen 12 Mark Honorar kaufte er sich ein neues Paar amerikanischer Patent-Lederschuhe und berichtete davon seiner Mutter, der er damit klarmachen wollte, *Maler sei eben doch kein so ganz brotloser Beruf*[33]. Seit dieser Zeit begann Grosz großen Wert auf elegante, ja biswei-

Gipsklasse der Dresdner Akademie, 1910. Grosz: 1. Reihe sitzend mit Hut

len dandyhafte Kleidung zu legen, um bestimmte Reaktionen seiner Umwelt hervorzurufen. Er hat sich auch später während der Berliner DADA-Zeit oder in Amerika bisweilen als Rechtsanwalt oder Geschäftsmann «verkleidet».

Der erste kleine Erfolg belebte meinen angeborenen Fleiß. Es war der Korbmacherfleiß meines Großvaters. Während draußen die Vögel in den Bäumen zwitscherten und die Sonne in mein Fenster schien, zeichnete ich Hunderte von Blättern. Sie stellten eigentlich immer dasselbe dar: zwei Figuren, die sich gegenüberstanden, grotesk verzerrt.[34] Später verurteilte er diese Versuche als wertlose Imitationen Max Klingers und der «Simplicissimus»-Zeichner, obwohl er 1910 zunächst selbstgefällige, beinahe spießerhafte Befriedigung empfand.

Politik spielte in seinem Denken noch keine bewußte Rolle. Er erinnert sich an eine sozialdemokratische Arbeiterdemonstration in Dresden zur Durchsetzung des allgemeinen Wahlrechts. Die Studenten sympathisierten zwar mit den Arbeitern gegen die *säbelschwingende Polizei*, weil *Künstler dafür eben auch nicht viel übrig* hatten. Aber letztlich war es doch nicht mehr als ein *abendfüllender Spaß* mit dem *Reiz der mysteriösen Sensation*.[35] «Unsere Angriffe als ‹Künstler› waren nicht politisch. Sie richteten sich ganz allgemein gegen den ‹Spießer›. Wenn wir zusammen im Café am Altmarkt saßen, bohrte Grosz ein Loch in die Zeitung und schnipste Zuckerstückchen zu den Nachbartischen. Er hatte Spaß am Skandal, besonders wenn dann der Oberkellner zu toben anfing und die Bezahlung der kaputten Zeitung verlangte.»[36]

Seine Abneigung gegen pseudophilosophische Theorien und Heilslehren, selbst der Freudschen Theorie gegenüber, äußerte Grosz, als er bereits zwei Jahrzehnte in den USA gelebt hatte, mit gewohnter Ironie: *Wie viele Menschen wohnen denn in uns? Einer oben, einer in der Mitte, einer im Keller? Vielleicht auch einer gefesselt irgendwo in einem verriegelten Kabinett? Ich mißtraue der Psychologie und der Psychoanalyse. Man erklärt und erklärt, man versucht hinter das Geheimnis des Menschenherzens und der menschlichen Triebe zu kommen – und da sage ich: Man kann den Dämon des Menschen wohl andeutungsweise beschreiben, aber sezieren kann man ihn nicht. Natürlich lernen wir und haben durch jahrtausendalte Traditionen auch die Wissenschaft ein wenig vervollkommnet, aber dann zahlen wir auf einer anderen Seite. Unser Wissen ist sicherlich seitenlang brillant; bis zum künstlichen Herzen und zur Television sind wir vorgedrungen. Aber das ist auch alles. Der Dämon bleibt: Schmerzen, Tod, Liebe, Haß. Jede Generation hat es neu zu erleben. Was ist meine Erfahrung, soweit sie nicht rein Mechanisches betrifft, für einen anderen Menschenfloh?*[37] Ein Brief an Hans Borchardt zeigt, daß seine Skepsis ihn davor bewahrte, dem Mystizismus in die Falle zu gehen, sich aber auch gegen die als unfehlbar geltenden Ergebnisse der Naturwissenschaften richtete: *... alle meine Mitschüler waren doch Spötter. Es war solch ein Spaß, blasphemisch zu sein und «aufgeklärt»... Als Künstler lebst Du am Rande. Es ist immer gemischt mit Zweifel und Verdammnis, wenn ich solche großen Worte gebrauchen darf.*[38] Dieses Mißtrauen, das sich so früh gebildet hatte, «konnte er zeit seines Lebens nicht ablegen. Er mißtraute jeder Vereinfachung und wurde doch so zum Opfer seines eigenen vereinfachenden Mißtrauens.»[39]

Nicht zu unterschätzen ist der Einfluß, den sein akademischer Lehrer in Dresden, Richard Müller, auf ihn gehabt hat, wenngleich es von beiden Seiten eine Art Haßliebe gewesen sein muß. Müller war ein Mann, bei dem Modelle und Studenten *nichts zu lachen hatten. Er hielt auf Disziplin und militärische Pünktlichkeit, zumal er selbst ein riesig fleißiger Arbeiter war, von früh um sechs bis abends um acht (er malte bei künstlichem Licht, wenn das Tageslicht nicht mehr hell genug war) unermüdlich an seiner Staffelei tätig... Er hatte etwas, das keinen Widerspruch zuließ; man gehorchte einfach, denn er war gar nicht lächerlich. Hinter seinem Rücken machten wir uns natürlich über ihn lustig, aber von vorne, wenn er uns mit seinen scharfen, blauen Zeichneraugen durchdringend ansah, da verstummten wir.*[40] Seine Vorbilder waren Greiner, Menzel und Max Klinger, dem er 1895 begegnete und der ihn anregte, Radierungen zu machen.

Grosz fand, daß Müller ein wenig sadistisch veranlagt gewesen sei. In seinen fotografisch genau gemalten Bildern bricht oft ein Grundgefühl der Angst durch. Das Faule, Tote, Verwesende faszinierte ihn, «die Frau als Venus victrix, die, sich selber zur koketten Lust, den Mann demütigt – ein Fin-de-siècle-Thema, gewiß, aber in graphischer Form gebracht, die auf Max Ernst und Man Ray vorausweist, ja sogar auf Pop Art»[41]. Meist verwendet er Todessymbole, Skelette und Totenköpfe, schwarze Vögel. Sein Bild «Schweinskopf» weist abstoßende, metzgerhafte Züge auf, wie sie ähnlich schon in einem Fleisch-Stilleben des gegen Ende des 16. Jahrhunderts in Frankfurt tätigen Malers Georg Flegel auftraten. Neben Grosz, den Müller schätzte und für einen sehr begabten Zeichner hielt, gingen auch Künstler wie Bernhard Kretzschmar, Curt Querner und Richard Scheibe aus seiner Klasse hervor.

Aus einfachen Verhältnissen stammend, hatte sich Müller vom Porzellanmaler durch seinen Fleiß emporgearbeitet und 1897 den vielbegehrten, mit 6000 Goldmark dotierten «Großen Rompreis» für Grafik erhalten. Nach der Verleihung der «Großen Goldenen Medaille» war er ein gemachter Mann und mit 26 Jahren Professor an der Akademie. Seine Unsicherheit und seine dämonischen Neigungen wurden durch eine konventionelle, äußerlich gesicherte Existenz überdeckt. Verheiratet mit einer amerikanischen Sängerin, residierte er im Dresdner Vorort Loschwitz im alten Haus des Spätromantikers Ludwig Richter. Als er dann in

Die erste veröffentlichte Zeichnung,
«Ulk», 4. Februar 1910

den zwanziger Jahren künstlerisch so gut wie vergessen war und wegen seiner zwar brillant gemalten, doch unzeitgemäßen Tierbilder den Spitznamen «Mäuse-Müller» bekam, wurde er Nationalsozialist. 1933 begann er als neuer Rektor und alter Nazi eine üble Rolle zu spielen. Besonders fanatisch wandte er sich gegen seinen persönlichen und künstlerischen Widersacher Otto Dix und seine «kulturbolschewistischen» Schüler. Darauf wird später einzugehen sein.

Im Frühjahr 1911 verließ George Grosz die Dresdner Kunstakademie mit einem Ehrendiplom. Als geborener Preuße konnte er im Königreich Sachsen kein Staatsstipendium erhalten. Immerhin erwarb die Akademie eine Kreidezeichnung von ihm: *Männlicher Akt* und eine phantastische Federzeichnung: *Der gelbe Tod.*

Es zog ihn ohnehin nach Berlin, in die größere, lebendigere Stadt. Zunächst reiste er aber nach Thorn an der Weichsel, in dessen Garnison seine Mutter eine neue Existenz gefunden hatte. Seine Skizzenbücher füllten sich mit visuellen Notizen über Ulanen im Manöver, Polen, Juden, Russen, die er auf dem Platz vor dem Kopernikus-Denkmal beobachtete. *Aber Schwere war in der Luft... während die Militärkapelle im Strandgarten konzertierte und ich auch mir die Ringkämpfe ansah auf freier Bühne mit Gaslicht... und zwei schöne Schwestern poussierte.*[42]

Als er im Januar 1912 nach Berlin kam, hatte er sein Studium zwar noch nicht beendet, aber auf seine Jugendjahre in Stolp war eine wichtige Zeit der Entwicklung gefolgt.

Café Josty, 1929

Vorkriegsjahre in Berlin

Grosz trat in die Grafikklasse der Berliner Kunstgewerbeschule ein. Sein neuer Lehrer, der Prager Emil Orlik, war ganz im Gegensatz zu Müller ein weltoffener Mann. 1912 kam er von seiner zweiten Ostasien-Reise zurück. In Japan und China faszinierten ihn die Eigenarten der Kultur und der Menschen. Grosz mochte den neuen Lehrer, dessen Ansichten über Kunst in vielen Punkten mit seinem eingeschlagenen Weg übereinstimmten. *Ich begann damals*, schreibt er über seine bereits in Dresden außerhalb des Unterrichts angewandte Arbeitsweise, *mit dem einfachen Skizzieren nach der Natur in der Art der altjapanischen Zeichnerschule, das heißt, ich machte mir in kleinen Taschenbüchern flüchtige Notizen über gehende Menschen, Zeitungsleser oder Esser im Café und über alle möglichen Dinge, die mich umgaben.*[43]

Karl Hubbuch, damals Mitstudent von Grosz, erinnert sich an die gemeinsame Zeit: «Schon äußerlich war der Anblick der Orlikklasse grundverschieden von einer Akademieklasse... Bei Orlik: fast eine Oberschulklasse mit Sitzpulten, Reihe hinter Reihe. Dann einige niedere Zeichengestelle... In der hintersten Reihe stand der Tisch von George Grosz, den er kaum benützte. Neben ihm der Tisch von B. Hasler... Grosz fiel damals eigentlich nur durch sein sicheres Benehmen auf (nicht arrogant). Durch seine moderne Kleidung, amerikanischer Stil: breite Schultern, keilförmig geschnittene Hosen, goldene Brille, Uhr am Lederriemchen in der oberen Außentasche. Auf Haslers Tisch lagen immer einige Lithosteine mit Aktkompositionen. Er war auch der Arrangeur unseres selbstfinanzierten ‹Aktklubs›. Im Winter, gegen Abend, zeichneten wir (nur einige Leute) 5-Minuten Bewegungsakt. Das war eine der positivsten Einrichtungen dieser Klasse.»[44]

Am Leipziger Platz faszinierte Grosz das Warenhaus Wertheim, ein mächtiges Bauwerk aus der Zeit der Jahrhundertwende, mit 83 Aufzügen, Kristallkandelabern und Springbrunnen, Ornamenten aus der Königlich Preußischen Porzellan-Manufaktur. *Bei Wertheim kaufte ich mein Zeichenmaterial, Krawatten, Seifen, Eßwaren; bei Wertheim war ich auch in der Leihbibliothek abonniert... Bei Wertheim verabredete ich mich mit meiner Freundin zum Tee... Wertheim war eine Welt für sich.*[45]

George Grosz lebte finanziell in bescheidenen Verhältnissen. Sein Studium finanzierte er durch ein Stipendium und durch Zuwendungen seiner Schwester Cläre, die ebenfalls in Berlin wohnte. Ab und zu gelang es ihm, eine Zeichnung an den «Ulk» oder die «Lustigen Blätter» zu verkaufen. Oft erschienen diese Zeichnungen ohne Beziehung zum Text, ein Beweis dafür, daß die Redakteure sie allein ihrer künstlerischen Qualität wegen aufnahmen.

Im Vorort Südende mietete er zusammen mit Herbert Fiedler, der schon vor ihm nach Berlin gekommen war, eine billige Wohnung. Die beiden jungen Künstler, enge Freunde das ganze Leben hindurch, zeichneten ihre im Wandel begriffene Umgebung. An der *Peripherie der wie ein Oktopus um sich greifenden Stadt*[46] fanden sie eilig errichtete Mietshäuser, Müllhalden neben Laubenkolonien und Rummelplätze mit Wohnwagen, Buden und Zirkuszelten. Die Leute am Rande der Stadt waren auch meist Randexistenzen der Gesellschaft. Wie schon Heinrich Zille und Hans Baluschek, die beiden großen sozialkritischen Berliner Zeichner der Generation vor ihm, interessierte sich Grosz für Landstrei-

«Wartende Frauen». Bleistiftzeichnung, 1912

Ludwig Meidner. Selbstporträt, 1916. Tuschzeichnung. Deutsches Literaturarchiv, Marbach

cher, Eckensteher, Betrunkene, Dirnen und Artisten. Besonders seine Vorliebe für Clowns und Drehorgelspieler hat er sich sein ganzes Leben erhalten. Er sah in ihnen die tragikomische Rolle verkörpert, die der Künstler in der bürgerlichen Gesellschaft zu spielen hatte. «Grosz war ein großes Kind», erzählte sein alter Freund Fritz Harig. «Er liebte Leierkasten-Musik. Sie machte ihn traurig bis zum Weinen. Sie war für ihn ein Stück des alten Berlin, das er so sehr geliebt hatte. – An der Großbeerenbrücke stand regelmäßig eine alte Hure, die 20 Jahre lang auf Rummelplätzen ihre Tätowierungen gezeigt hatte. Sie wohnte in einem Keller zum Tempelhofer Ufer. Ich wurde oft von ihr angesprochen und machte Grosz auf sie aufmerksam. ‹Na, wie war's?› fragte ich ihn später. Grosz war hell begeistert: *Ganz großartige Sachen dabei*, sagte er, *ich habe ein ganzes Skizzenbuch vollgezeichnet*.»[47]

Der Sommer des Jahres 1912 war besonders heiß und drückend. Den sensiblen Maler Ludwig Meidner packte in diesem «ingrimmigen, zornigen Sommer ... schweißtropfend, unsäglich bedrängend, bestürzend und schwierig ... das Entsetzen vor kommendem Unheil»[48]. Die Vorahnung vom Zusammenbruch aller Werte, von Krieg und Revolution begann sich auch in den Arbeiten junger, unbekannter Künstler anzudeuten. Waren es bei Meidner zusammenstürzende Architekturen, so zeichnete

Grosz Menschen mit gestörten Gefühlen in dramatischen Krisensituationen. Seine Kulissen des großstädtischen Lebens waren dabei die gleichen wie in den Werken der Expressionisten: das Café, die Straße, das Bordell. Der Groszsche Dämon jedoch hatte zunächst eher etwas gemein mit Kubin und dem jungen Paul Klee. Die aquarellierte Zeichnung *Das Ende des Weges* (Museum of Modern Art, New York) zeigt eine nackte, erhängte Frau, ein totes, aufgedunsenes Kind und den Mörder, der vergiftet an der Zimmerwand zusammengesunken ist. Der Raum ist noch die wirkliche «fotografisch» wiedergegebene Umgebung des Künstlers, ein Zimmer seiner Wohnung in der Lichterfelder Straße, die unheimlichen Figuren sind seine visionären Gäste. Meist undatiert, aber gewiß den Jahren 1912 und 1913 zuschreibbar, traten neben Orgien und Harems-Szenen Themen auf wie *Lustmord, Verbrechen* oder *Doppelmord in der Rue Morgue – E. A. Poe.* Eine andere aquarellierte Federzeichnung mit dem Titel *Schaubude (Abnormitäten)* zeigt einen kleinen Idioten mit Vogelkopf, einen Catcher und eine Riesendame, die dem Publikum auf der Jahrmarktsbühne vorgeführt werden. Grosz hatte Spaß an Leuten, die ungewöhnlich aussahen oder sich grotesk verhielten. Es war nicht etwa so, daß er es abstoßend fand. Er war vielmehr davon überzeugt, daß jeder Mensch etwas von einer Mißgeburt in sich trüge. In seinem Atelier legte er sich eine Absurditätensammlung an. Später, bei seinem ersten Amerika-Aufenthalt 1932, sah er am Broadway den Film «Freaks» [Monster] und war davon ebenso begeistert, wie er begeistert war von den Grotesken der Mack-Sennett-Ära mit ihrem Klamauk-Humor, der etwas vom Kasperlestück der Kindheit, vom wahrhaftigen Aufeinanderstoßen elementarer Gegensätze enthält. *Da verliebt sich ein Zwerg – der Schauplatz ist ein Zirkus – in eine schön gewachsene Akrobatin... Und dann merkwürdige Zwerge und halbe, kleinköpfige, letzte Azteken (Idioten natürlich in Wirklichkeit). Ein sonderbares Hochzeitsfest, wie von Hieronymus Bosch oder Breughel.* (Beide Maler schätzte Grosz sehr.) *...Eine Art Höllenbild ist das Ganze, aber natürlich unbewußt; kaum für gebildete Europäer geeignet. Ich deutete es auf Groß'sche Weis'.*[49] Sein Werk begann sich um die Ausgestoßenen und Mißgestalteten zu drehen. Faszinierend fand Grosz auch die Künstler- und Maskenbälle der damaligen Zeit. Hier war es der «normale» Bürger, der ihn belustigte, der in einer absurden Verkleidung sich eine Nacht lang vorgaukelte, außerhalb seiner langweiligen Existenz zu leben. Ein Moment der Apokalypse sah er auch im Auftritt des Kapellmeisters «Mister Meschugge», der mit einer sogenannten Radaukapelle, einem Vorläufer späterer Jazzbands, im «Café Stern» am Oranienburger Tor spielte. Dabei zerbrach er seinen Taktstock und schlug einem Musiker die Geige über den Kopf.

An jenem Abend... ahnte ich natürlich nicht, daß ich Zuschauer einer Zukunftsparodie gewesen war, die einmal Wirklichkeit werden sollte.[50] Die Realität des Jahres 1914 sah dann so aus, daß jener wilde «Mister

«Das Ende des Weges», 1913. Aquarell und Bleistift.
Museum of Modern Art, New York

Meschugge» ganz brav mit dem Taktstock vor einer Militärkapelle durch die Straßen Berlins marschierte. Auch diesmal klatschten die Leute Beifall, und der große Totentanz begann.

Das alte «Café des Westens», im Volksmund «Café Größenwahn» genannt und Treffpunkt der Expressionisten und der Berliner Boheme, befand sich noch an der Ecke Kurfürstendamm/Joachimstaler Straße. 1912 soll George Grosz zum erstenmal dort aufgetaucht sein, mit weißgepudertem Gesicht und rotgeschminkten Lippen. Er trug ein kariertes, wattiertes Jackett, einen Derby-bowler und «zwischen den Knien einen schwarzen dünnen Stock, der als Knauf einen elfenbeinernen Totenkopf hatte»[51]. Niemand kannte den eigenartigen Besucher, der in den folgenden Jahren zu den Stammgästen gehörte.

Rückblickend gibt Grosz 1923 in dem Aufsatz *Abwicklung*[52] seine Selbsteinschätzung wieder:

Die anämischen, langhaarigen, sonderbaren Menschen in den 5. Stockwerken unserer Großstädte, die keiner Katze einen Stein nachwerfen und die Portierfrau fürchten, können von nichts tiefer gekränkt werden, als von Zweifeln an ihrem revolutionären Charakter. Zu diesem eigentümlichen Völkchen habe ich gehört, und wenn es erlaubt ist, will ich an meiner eigenen Entwicklung zeigen, daß es tatsächlich ein revolutionäres Empfinden ist, das den Künstler anspornt... Als ich begann, die Welt bewußt zu erleben, da entdeckte ich bald, daß es mit der Buntheit, dem Glanz und vor allem mit meinen Mitmenschen nicht weit her war. Damals war ich Idealist und noch recht romantisch gesonnen; ich fühlte mich einsam und schloß mich ab.

Unwissend, wie ich damals war, überschätzte ich Kunst und kam zu ganz schiefen Gesichtswinkeln. An beiden Augen hatte ich Scheuklappen, die Menschen haßte ich. Sah alles von meinem kleinen Dachatelier aus. Unter mir und neben mir Kleinbürger und Hausbesitzer und kleine Kaufleute, deren Gerede und Ideen mich anwiderten. So wurde ich ein richtiger misanthropischer und skeptischer Individualist.[53]

Im Ersten Deutschen Herbst-Salon, 1913 von Herwarth Walden in der Galerie «Der Sturm» nach Vorbild des Pariser Salon d'Automne organisiert, waren die deutschen Expressionisten und die italienischen Futuristen stark vertreten. Grosz besuchte die Ausstellung mehrmals, und Stil und Inhalte beider Richtungen beeinflußten die Arbeiten der folgenden Jahre entscheidend.

Einer seiner Bekannten, Lewis Hymers, der aus San Francisco stammte, besaß ein Grammophon mit amerikanischen Schallplatten, in der Zeit vor dem Ersten Weltkrieg eine Seltenheit. Grosz liebte Jazz-Rhythmen. Er hörte diese Musik mit Freunden, tanzte danach, und viele der in den Bildern auftauchenden gebrochenen Formen und Synkopierungen erscheinen wie Umsetzungen dieser explodierenden Musik.

Er begann mit Ölfarben zu malen. In der Akademie hatte er nur Zei-

Café des Westens, Kurfürstendamm, Ecke Joachimstaler Straße, vor 1914

chenunterricht; daher kaufte er sich einige Bücher über Maltechnik und probierte Kompositionen in der Art seiner Zeichnungen aus. Grosz *setzte erst die Zeichnung in Tusche auf die Leinwand und malte sie hinterher in Ölfarbe aus. Die Bilder waren von der Linie her gedacht, mehr ausgetuscht als gemalt.*[54] Diese Selbsteinschätzung ist sehr wichtig, zeigt sie doch, wie kritisch er seine Malerei sah. Er fühlte sich selbst als Autodidakt und nicht als Maler. Grosz hat sehr lange zur Überwindung dieser Auffassung gebraucht und sich mehrmals dazu geäußert. Er sah sein Ziel darin, Maler zu werden. Die Malerei schätzte er höher ein als die Arbeit des Zeichners. Das klingt immer wieder an, wenn er die Zeit in Berlin mit den amerikanischen Jahren vergleicht.

Herbert Fiedler war bald nach Paris gegangen. In begeisterten Briefen forderte er nun den Freund auf, ihm zu folgen. Im Frühjahr 1913 hatte Grosz genügend Geld zusammen, um reisen zu können. Er blieb ungefähr acht Monate in Paris, wo er weniger arbeitete, sondern mehr die Atmosphäre und die Menschen studierte. Er hatte in Paris Gelegenheit, die Arbeitsweise des «Aktklubs» fortzusetzen. Im Atelier Calarossis wurde ohne Korrektur durch einen Lehrer gezeichnet. Bei Calarossi stand das Modell nur fünf Minuten. Während dieser kurzen Zeitspanne hatte der Student die Pose zu erfassen und festzuhalten, eine ausgezeichnete Konzentrationsübung als Ergänzung zu den Skizzen in den Cafés und auf der Straße.

Die Begegnung und die Freundschaft mit Jules Pascin machten auf Grosz einen bleibenden Eindruck. Während er von Matisse lediglich wahrnimmt, daß er *wie ein deutscher Professor* im Hintergrund des Cafés saß, blieb die Erinnerung an Pascin ganz lebendig. *Ich sehe Dich noch*, und es klingt wie ein Dankesbrief, der über mehrere Seiten geht, *als Du 1913 im alten «Café du Dôme» kleine Zeichnungen auf Zeitungspapierfetzen machtest, sie mit einem angenäßten Streichholz rötlich koloriertest und von hinten leicht anräuchertest. Kleine, niedliche, obszöne Dingerchen, und so unheimlich geschickt, daß wir alle an Deinem Tisch staunten: was für ein Meister!*[55] Peter Grosz erinnert sich, daß in der Umgebung seines Vaters kein anzüglicher Witz erzählt werden durfte. «Er mochte das nicht. Alles fand Ausdruck in seinen Zeichnungen, auch die sonst tabuisierten Bereiche.»[56] In einem ganz frühen Skizzenbuch finden sich satirische Sexmaschinen, wie sie Jahrzehnte später Tomi Ungerer in seinem Band «Fornicon» vorstellt. Besonders während der zwanziger Jahre hat Grosz erotische Blätter gezeichnet und aquarelliert. Einige erinnern in der übertriebenen Darstellung der Geschlechtsteile an japanische Farbholzschnitte dieses Genres.

1913 war eines der wichtigsten Jahre in der Entwicklung Groszscher Kunst. Sowohl im Stil als auch in den Inhalten fand George Grosz schon vor Beginn des Krieges plötzlich einen Weg des ihm adäquaten Ausdrucks. Es war wie eine Explosion. Einzigartige bildnerische Erfindungen folgten nun in ununterbrochener Folge. Nachdem sein zeichnerisches Können durch eine notwendige Phase von Tradition und Konvention gegangen war, gelang es Grosz schon sehr früh – er war damals 20 Jahre alt –, darüber hinauszuwachsen und Beachtung zu finden. Er ahnte selbst, daß es ihm gegeben war, vollkommen eigenständig zu werden und der Kunst des 20. Jahrhunderts eine unverwechselbare Handschrift hinzuzufügen.

Der Erste Weltkrieg

Als die Woge der Kriegsbegeisterung Deutschland erfaßte, gehörte Grosz zu den wenigen, die keinen patriotischen Enthusiasmus verspürten: *Die Menschen sind Schweine, das Gerede von Ethik ist Betrug, bestimmt für die Dummen.*[57] Er sah die Masse der Menschen, die begeistert durch die Straßen zog, *als willenlos an, ausnahmslos gebannt vom Willen des Militärs. Ich spürte diesen Willen auch über mir, war aber nicht begeistert, da ich die individuelle Freiheit, in der ich bis dahin lebte, bedroht sah. Ich fühlte mich damals anarchistisch abseits von den Menschen, nun lief ich Gefahr, zur Gemeinschaft mit den mir so verhaßten Menschen gezwungen zu werden. Mein Haß konzentrierte sich auf die, die mich dazu zwingen wollten.*[58] So kam der Krieg für ihn nicht als eine Überraschung, sondern als eine zwar fürchterliche, aber logische Konsequenz der Zeitumstände und des allgemeinen Lebensgefühls. Allerdings empfand er den Krieg nicht als «Befreiung». Für ihn war er etwas Negatives, ihn Einengendes. Er verstand eine seiner tieferen Ursachen: *... daß der Krieg nicht nur unterdrückte Triebe, die in uns allen schlummern, neu entfacht, sondern viele Menschen wirklich befreit – ob nun aus einer verhaßten Umgebung oder aus der Sklaverei des Alltags oder von der Last der eigenen Persönlichkeit.*[59]

Grosz meldete sich im November 1914 freiwillig. Er tat dies nicht wie die Hurra-Patrioten in den ersten Kriegstagen, sondern weil er im wehrdienstfähigen Alter war und so oder so mit seiner Einberufung zu rechnen hatte. Durch seine Meldung blieb ihm die Wahl, beim Gardegrenadier-Regiment einzurücken.

Am 11. Mai 1915, also bereits sechs Monate später, wurde er nach der Operation einer Stirnhöhlenvereiterung als dienstuntauglich entlassen. Aus den Akten des Krankenbuchlagers Berlin geht hervor, daß er «nicht an den Einsätzen der Front-Einheiten teilgenommen»[60] hat. In der Forschungsliteratur bleiben die Daten und Angaben für Grosz' Kriegsjahre umstritten. Hans Hess schreibt, daß Grosz eine kurze Zeit an der Westfront verbracht habe, lange genug, um die verfaulten Körper im Stacheldrahtverhau zu riechen.[61] Genau lautet die Briefstelle, auf die er sich bezieht, jedoch: *Meine Nerven gingen entzwei, ehe ich dieses Mal noch*

Front, verweste Leichen und stechenden Draht sah.[62] Hier spricht Grosz von seiner zweiten Einberufung 1917. Für 1915 fehlen eindeutige Zeugnisse eines Frontaufenthalts. In einem späteren Aufsatz schreibt Grosz: *Ich begann von revolutionären Strömungen zu hören, blieb aber skeptisch, man brauchte nur die S. P. D. ansehen – große Menschheitsverbrüderung und Kriegskreditbewilligung... Hoffnungen auf Friede oder Revolution mancher Freunde hielt ich für unbegründet.*[63] Vergleicht man Grosz-Zeichnungen wie *Luftangriff* oder *Gefangen* von 1915 mit den Kriegsblättern und Bildern von Dix, so wird deutlich, daß Grosz keine Fronterlebnisse brauchte. Seine Bilder ähneln den Linienblitzen der Futuristen; es sind Visionen, die an die apokalyptischen Bilder Meidners erinnern.

Grosz kam zurück nach Berlin. Es war nicht mehr das alte Berlin der Vorkriegsjahre. Der Kreis der Dichter und Intellektuellen, der sich meist im «Café des Westens» traf, war bereit, etwas gegen den Krieg zu tun. Für Grosz gab es ein Wiedersehen oder eine neue Bekanntschaft mit Else Lasker-Schüler, Theodor Däubler, Gustav Landauer, Johannes R. Becher, Martin Buber, Franz Jung, Richard Huelsenbeck, Mynona (Dr. S. Friedlaender) und vielen anderen.

An einem Sommerabend war George Grosz zu Gast im Wilmersdorfer Atelier des Malers Ludwig Meidner. Dort lernte er Wieland Herzfelde kennen – für beide eine Begegnung von großer Bedeutung. Herzfelde hat in seinem Erinnerungsbuch «Immergrün» dieses Ereignis im Kapitel «Ein Kaufmann aus Holland» geschildert. Nirgends ist der merkwürdige, widersprüchliche Charakter von George Grosz besser beschrieben worden als auf diesen Seiten: Die pazifistischen Gespräche der 1915 in Meidners Atelier Versammelten wurden von der höflichen Stimme eines Fremden unterbrochen, eines Fremden, der elegant gekleidet war wie ein reicher Geschäftsmann. Er gab an, daß er nicht das Ende des Krieges herbeisehne; denn als ein Kaufmann aus Holland plane er ein Projekt, an dem Millionen zu verdienen seien. Er wolle in Berlin Kriegskrüppel anstellen, Granatsplitter zu bemalen. *Schablonenarbeit, aber mit der Hand, wohlverstanden, original. Reel. Das erleichtert den Verkauf. Und sinnig. Mit dem E. K. I. oder der «dicken Bertha», darunter in Zierbuchstaben: «Aus großer Zeit» oder «Jeder Schuß ein Russ», was eben zum Herzen des Volkes spricht. Und ein Efeurahmen drum herum, pardon, Eichenlaub. Für frömmere Gemüter vielleicht: «Der Gott, der Eisen wachsen ließ...» und so weiter, oder «An Gottes Segen ist alles gelegen»... Möchte ich doch sehen, ob da nicht über kurz auf jedem deutschen Schreibtisch so ein sauber polierter Briefbeschwerer sowie Aschbecher zu stehen kommt.*[64] Als leidenschaftliche Proteste laut wurden, soll Grosz kühl geantwortet haben: *Meine Herren, vergessen Sie niemals: die Welt lebt vom Umsatz. Der Kaufmann ist der wahre König unseres Jahrhunderts!*[65]

Der holländische Kaufmann war für Grosz eine seiner vielen Rollen. An jenem Abend hatte er sie gewählt, weil sie in besonderem Kontrast zu diesem idealistischen Künstlerkreis stand. Grosz berechnete im voraus genau die Schockwirkung, die sein Auftreten dann in der Tat hervorrief.

George Grosz war selten er selbst. Vielmehr gab er meist vor, ein anderer zu sein, ein amerikanischer Businessman oder sein eigener Butler. Er war sehr begabt, eine Person, eine andere Mentalität überzeugend darzustellen. Viele seiner Freunde haben das bestätigt, und alle, die über ihn geschrieben haben, heben sein Rollenspielen hervor, wobei die Meinungen geteilt sind, inwieweit er die Rollen nur spielte oder sich wirklich mit ihnen identifizierte.

Die Phantomfiguren und Doppelgänger waren Ausdruck seiner Träume, seiner Einsamkeit. Er versuchte immer wieder, verschiedene Tendenzen seines Innenlebens als Personen abzugrenzen. *Ich setze gleichsam 3 andere Personen aus meinem Inneren Vorstellungenleben heraus, ich glaube selbst an diese Vorstellenden Pseudonyme. Allmählich sind drei fest umrissene Typen entstanden. 1. Grosz. 2. Graf Ehrenfried, der nonchalante Aristokrat mit jepflegten Fingernägeln, darauf bedacht, nur sich zu kultivieren, mit einem Wort der aparte aristokratische Individualist. 3. – Der Arzt Dr. William King Thomas – der mehr amerikanisch praktisch materialistische Ausgleich in der Mutterfigur des Grosz.*[66] Sein ganzes Leben hindurch unterschrieb er seine Post mit diesen drei Namen; dazu kommen viele andere wie Georges Leboeuf, Böff, Böffel, Dadamarschall, Ritter von Thorn oder Gogó.

Unter den unveröffentlichten Skizzenbüchern des Nachlasses findet sich auch ein Heft: *15. Oktober–12. November 1915 Krankenjournal des Dr. William King Thomas, U. S. A.* überschrieben.[67] Die Zeichnungen sind mit Titeln und ironischen Anmerkungen versehen wie *Kanonen schießen auf Friedensengel, Hausbesitzer Schlammus, Der Blutsturz in der Königgrätzer Straße* oder *Porträt des Feldwebels Fritz Krause (Der Künstler hat den Feldwebel als Hüter des deutschen Rheins dargestellt).* Grosz' Atelier im Berliner Vorort Südende ähnelte einer mit Raritäten vollgestopften Jahrmarktsbude. Einer der ersten Gäste war Wieland Herzfelde, dessen Interesse für George Grosz seit dem Abend in Meidners Atelier sich immer mehr steigerte. «Die Wände waren bedeckt mit Bildern, – wenn man Bier- und Whiskyplakate, Zirkus-Affichen mit Clowns, Athleten und tätowierten Damen, Photos und Zeitungsillustrationen als Bilder bezeichnen kann.»[68] Sein späterer Freund Ulrich Becher erwähnt, daß Grosz kolorierte Postkarten der Serie «Germanische Geschichte in Bildern» sammelte, was zusammenhing mit seinem Plan, vor dem Kriege ein dreibändiges Werk *Von der Häßlichkeit der Deutschen* herauszugeben. Er kaufte «Fotografen Gruppenaufnahmen ihm völlig unbekannter Hochzeitsgesellschaften ab. Blitzlichtaufnahmen von einem Ball der Schlächter-Innung oder einem Studentenkommers.»[69] Sie waren für ihn wichtige Anregungen, die seine Studien nach der Natur ergänzten. Herzfelde bemerkte außer diesen Dekorationen und einigen spärlichen, aus

Sunlicht-Seifenkisten gezimmerten Möbeln «nichts, das darauf schließen ließ, daß in diesem Raum ein Zeichner lebte. Erst als mein Bitten sehr dringlich wurde, schlug er die Deckel der Kisten hoch, auf denen wir saßen. Sie waren bis zum Rande voll mit Zeichnungen und Aquarellen, mit Tausenden von Blättern.»[70] Nie wieder habe das Werk eines Künstlers einen ähnlichen Eindruck auf ihn gemacht.

Grosz war zunächst skeptisch und glaubte dem Besucher die Begeisterung nicht ganz. Er vertrat die Meinung, daß Arbeiten, die gut seien, auch gekauft würden, und da er seine Blätter modernen wie konservativen Kunsthändlern, Kritikern und Museumsdirektoren zur Beurteilung erfolglos zugeschickt habe, seien sie eben nichts wert. *Alle, ohne Ausnahme, stimmen darin überein, daß die Zeichnungen schlecht sind, infantil, ungekonnt.*[71] Was als Vorwurf gemeint war, als abwertende Kritik, entsprach aber gerade der Groszschen Absicht. *Um zu einem Stil zu gelangen, der so die drastische und unverblümte Härte und Lieblosigkeit meiner Objekte wiedergab, studierte ich die drastischen Manifestationen des Kunsttriebes. Ich kopierte in Pissoirs die folkloristischen Zeichnungen, sie erschienen mir als der unmittelbarste Ausdruck und die kürzeste Übersetzung starker Gefühle. Auch Kinderzeichnungen regten mich ihrer Eindeutigkeit wegen an.*[72] Ohne noch einen Namen dafür zu verwenden, hatte Grosz bereits die neue Stilform gefunden. Nur wenige Intellektuelle erkannten das. Zu ihnen gehörte der im Schweizer Exil lebende Hugo Ball, der 1915 in sein Tagebuch schrieb: «In einer Zeit wie der unseren, in der die Menschen täglich von den ungeheuerlichsten Dingen bestürmt werden, ohne sich über die Eindrücke Rechenschaft geben zu können, in solcher Zeit wird das ästhetische Produzieren zur Diät. Alle lebendige Kunst aber wird irrational, primitiv und komplexhaft sein, eine Geheimsprache führen und Dokumente nicht der Erbauung, sondern der Paradoxie hinterlassen.»[73]

Im Januar 1916 veranstaltete Herwarth Walden in seiner Berliner Galerie «Der Sturm» eine Max-Ernst-Ausstellung. Ernst traf dort zum er-

stenmal Grosz und Wieland Herzfelde. Sie waren sich einig in ihrer Auffassung, daß der Irrsinn des Krieges in der Kunst durch neue Mittel deutlich gemacht werden müsse. In Balls Tagebuch findet sich parallel dazu die Notiz, daß er heute über die Insassen der Irrenhäuser anders denke als vor zehn Jahren. «Die Kindlichkeit, die ich meine, grenzt an das Infantile, an die Demenz, an die Paranoia. Sie kommt aus dem Glauben an eine Ur-Erinnerung, an eine bis zur Unkenntlichkeit verdrängte und verschüttete Welt, die in der Kunst durch den hemmungslosen Enthusiasmus, im Irrenhaus aber durch eine Erkrankung befreit wird... Im Menschen selbst liegen die Hebel, diese unsere verbrauchte Welt aus den Angeln zu heben.»[74] Dahinter steht die Auffassung, daß sich die Menschen in der Kindheit ein Ideal ihrer selbst und der Welt erträumen. Die Erfahrungen führen zu Enttäuschungen, zu Wunden. Der messerscharfe Stil, der nun für Grosz charakteristisch wird, gewinnt daraus seine Kraft. «Aus der Perspektive eines frühreifen, verderbten Straßenjungens versucht George Grosz die Großstadt zu sehen, und zwar jene trostlosen Viertel der Peripherie, wo der Mensch seit frühester Jugend von den Bildern der Not, des Lasters und des Verbrechens umstellt ist. Herzlos und höhnisch grimassierend, zeigt er auf die Gemeinheit hin, die er hinter allen Hüllen zu entdecken weiß. Unter dem Kleid der Dirne zeichnet er die geile Schwammigkeit der Beine und des Busens. Dem frechen Wissen eines Straßenjungen entspricht diese Deutlichkeit in der Angabe alles Geschlechtlichen... Der infantile Zeichenstil George Grosz' ist Ausdrucksmittel einer fürchterlichen Satyre von eminent sozialer Bedeutung.»[75]

Die Stilmerkmale bei Grosz, die in Ermangelung eines passenden Ausdrucks Infantilismus genannt werden, sind vielleicht schon Vorboten des DADA, jener Protestbewegung der Antikunst, in der junge Künstler jedes formsichere Können – das anderer und ihr eigenes – verlachen und verleugnen. «Grosz ist gleichsam mit allen Wassern der Unschuld gewaschen»,[76] behauptete Willi Wolfradt, der bereits 1921 eine Monographie über den Künstler veröffentlichte.[77]

Seit dem ersten Besuch bei Grosz war es Herzfeldes Ansinnen, die Zeichnungen von Grosz zu publizieren. «Die Herzfeldes, Wieland und Heartfield, der Bruder, schlossen sich Grosz völlig an; sie wurden seine Trabanten.»[78] Die beinahe unbegrenzte Begeisterung und Bewunderung für den Zeichner trieb Herzfelde dazu, ohne Geld eine Zeitschrift herauszugeben: die «Neue Jugend», die von Juli 1916 bis Juni 1917 unregelmäßig erschien. Die Druckerei gewährte Kredit, und das Porto für den Versand lieh sich Wieland Herzfelde vom Schalterfräulein. Programmatisch war das Gedicht von Johannes R. Becher auf der ersten Seite des ersten Heftes «An den Frieden», das mit der Zeile schloß: «Das Wort muß wirken! Also laßt uns reden!» Ebenso programmatisch war das Nachwort. Es versprach: «Alle freiheitlich Gesinnten (Expressionisten, die Anhänger der Jugendbewegung...) sollen in der ‹Neuen Jugend› zu

Worte kommen. Die Grenzen unserer Publikation werden nur bestimmt durch die Tendenz, die tüchtige Zensur, den Umfang des Heftes und unser vorläufiges Unvermögen, Beiträge zu honorieren... Alle europäischen Künstler und Intellektuellen, die nicht greisenhaft, nüchtern und unterwürfig sind, bitten wir um ihre Mitarbeit und Wirksamkeit.»[79] Da während des Krieges die Gründung neuer Zeitschriften ohne Erlaubnis der Militärbehörden verboten war, erschien die «Neue Jugend» scheinbar als Fortsetzung einer bereits vor dem Kriege gegründeten Monatsschrift. Das Heft enthielt zwei Zeichnungen von Grosz, eine *Old Jimmy* benannte Wildwestszene, und *Durchhalten*, eine Persiflage auf die Zeit-

«Grauer Tag (Magistratsbeamter für Kriegsbeschädigtenfürsorge)», 1921.
Öl auf Leinwand. Nationalgalerie SPK, Berlin

Links: «Tatlinistischer Planriß – Schreckenskammer –», 1920.
Aus: «Mit Pinsel und Schere», 1922

«Durchhalten». Federzeichnung. «Neue Jugend» 1916, Heft 7

parole, die Hoffnung auf den Sieg machen sollte. Die Zeichnung zeigt einen Leichenzug, davor in der Mitte eine Hure, die umgeben wird von krüppelhaften Gestalten und einem Mann, der einen Kindersarg unter dem Arm trägt. Diese Zeichnung wurde allerdings ohne den Titel veröffentlicht, weil sonst für die Zensur eine zu leichte Handhabe bestanden hätte, die Zeitschrift zu beschlagnahmen. «Verbote trafen uns nicht bei den allerersten Publikationen, da wir stets schneller waren als die schwerfälligen Behörden.»[80] Die Zeitschrift diente auch der Veröffentlichung des Fortsetzungsromans «Der Malik» von Else Lasker-Schüler. Darin versteht sich die Verfasserin als Gegenkaiserin zu Wilhelm II. Sie schickt Benn, Grosz, Herzfelde, seinen Bruder, Däubler und Davringhausen unter Pseudonymen als Gesandte in das orientalische Reich des Dichterfürsten. Sie bekommen eine Abfuhr, weil sie aus einem Lande kommen, in dem Menschen im Kriege getötet werden. Else Lasker-Schüler, bereits 1869 geboren, war eine Träumerin, die die Welt als Wunschreich sah. Sie war zehn Jahre lang mit Herwarth Walden, dem Herausgeber des «Sturm», verheiratet und hatte als Dichterin schon vor dem Ersten Weltkrieg einen Namen. Die erste Veröffentlichung über George Grosz ist ein Gedicht von ihr in der «Neuen Jugend» im August 1916:

Georg Grosz.

Manchmal spielen bunte Tränen
In seinen äschernen Augen.

Aber immer begegnen ihm Totenwagen.
Die verscheuchen seine Libellen.

Er ist abergläubig –
– Ward unter einem bösen Stern geboren –

Seine Schrift regnet,
Seine Zeichnung: Trüber Buchstabe.

Wie lange im Fluß gelegen
Blähen seine Menschen sich auf,

Mysteriöse Verlorene mit Quabbenmäulern
Und verfaulten Seelen.

Fünf träumende Totenfahrer
Sind seine silbernen Finger

Aber nirgendwo ein Licht im verirrten Märchen
Und doch ist er ein Kind,

Der Held aus dem Lederstrumpf,
Mit dem Indianerstamm auf Duzfuß.

Sonst haßt er alle Menschen,
Sie bringen ihm Unglück.

Aber Georg Groß liebt sein Mißgeschick
Wie einen anhänglichen Feind.

Und seine Traurigkeit ist dyonisisch,
Schwarzer Champagner seine Klage.

Kein Mensch weiß, wo er herkam;
Ich weiß, wo er landet.

Er ist ein Meer mit verhängtem Mond,
Sein Gott ist nur scheintot.

Der hauptsächliche, erste Grosz-Entdecker war der exzentrische Boheme-Dichter, Kunstkritiker und vitale Vorkämpfer für die Moderne Kunst Theodor Däubler. George Grosz, schrieb Däubler, sei «vorläufig Zeichner und futuristischer Schriftsteller. Das ist bei ihm alles eins. Seine Handschrift bezeugt's: diese exotische Buchstabenmalerei drückt sein Wesen sehr ausdrücklich aus. Er wird demnächst auch Maler sein!»[81]

Fast alle oppositionellen Zeitschriften waren 1914 umgefallen oder hatten ihr Erscheinen eingestellt. Nur «Die Aktion» von Franz Pfemfert und «Die weissen Blätter» behielten ihre Richtung. «Pfemfert stand unter einer besonders scharfen Vorzensur, während René Schickele und Erik Ernst Schwabach nach einem halben Jahr des Schweigens zunächst in Leipzig, bald darauf mit dem Kreis um Ludwig Rubiner in Bern weiterarbeiteten.»[82] *Die weißen Blätter brachten unter anderem eine der besten Novellen des damals noch ganz unbekannten Schriftstellers Leonhard Frank («Der Vater»). Sie entdeckten Franz Kafka («Die Verwandlung»). Die entdeckten auch mich. Däublers Artikel – mit Abbildungen – machte mich sozusagen über Nacht bekannt, auch wenn zunächst nur in «intellektuellen» Kreisen. Man sprach über mich. Ich war selbst ein wenig überrascht, aber nicht unangenehm.*[83] Pfemferts «Die Aktion» hatte Grosz bereits 1915 ein künstlerisches und literarisches Debüt geboten. Im Juli-Heft wurde die Zeichnung *Der Mörder* veröffentlicht. Im November folgte das futuristische Gedicht *Lied*, das unter dem Einfluß des amerikanischen Dichters Walt Whitman steht und die Abgründe des taumelnden Menschen in der Großstadt, strömendes Licht, Feuer und den von Urkräften gelenkten Menschen beschreibt.

Lied

In uns sind alle Leidenschaften
und alle Laster
und alle Sonnen und Sterne,
Abgründe und Höhen,
Bäume, Tiere, Wälder, Ströme,
Das sind wir.
Wir erleben
in unseren Adern,
in unseren Nerven.
Wir taumeln.
Brennend
zwischen grauen Blöcken Häuser.
Auf Brücken aus Stahl.
Licht aus tausend Röhren
umfließt uns,
und tausend violette Nächte
ätzen scharfe Falten
in unsere Gesichter.[84]

In seinen Gedichten thematisiert Grosz dieselben Leidenschaften, die im bildnerischen Werk deutlich werden. Es geht um Alkohol, Lustmord, Stadtturbulenz, um Artisten, Schieberei und Prostitution, nicht zuletzt auch um Amerika, das erträumte Land der Goldgräber, der D-Zug-Kultur, der Lichtreklame und schlicht: der Zukunft. Die Texte rauschen voller Lust, sie sind kraftvoll und laut.

Nachtcafé

Mädchen singen gellend
Musiker geigen
Irgendwo sitzt ein Soldat, der schläft.
Eine sagt: Miezeken, ick jehe mir einen Mann suchen!
Hüften hängen wie reife Trauben über die Kanten der Stühle
Sadisten lechzen nach Hiebe
Junge Männer, Zuhälter
Mädchen, Amerikaner, Soldaten
Neger und eine 18jährige Kellnerin.[85]

Die Monatsschrift «Neue Jugend» vom Juni 1917 veröffentlichte zwei Prosagedichte *Kannst du radfahren?* und *Man muß Kautschukmann sein.* Hier, ebenso wie in dem Vorblatt zur «Kleinen Grosz-Mappe» aus demselben Jahr, wo das lange Gedicht *Aus den Gesängen* abgedruckt ist, wird der Text durch abwechslungsreiche typographische Einsätze von John Heartfield optisch gestaltet. Vor allem die erwähnten Prosagedichte erscheinen wie Wort-Collagen und weisen auf den Berliner Dadaismus voraus. 1918 wurde das Gedicht *Gesang an die Welt*[86] veröffentlicht, das, inmitten der rauschenden Bilder und Laute der ersten Strophe, ein kurzes Selbstporträt skizziert:

Ach knallige Welt, du Lunapark,
Du seliges Abnormitätenkabinett,
Paß auf! Hier kommt Groß,
der traurigste Mensch in Europa,
«Ein Phänomen an Trauer.»
Steifen Hut im Genick,
Kein schlapper Hund!!!!
Niggersongs im Schädel,
Bunt wie Hyazinthenfelder,
Oder turbulente D-Züge,
Über rasselnde Brücken knatternd –
Ragtimetänzer,
Am Staketenzaun wartend mit der Menge
Auf Rob. E. Lee.

Anfang der dreißiger Jahre wurden die frühen Gedichte in kleinster Auflage wieder gedruckt.[87] In Amerika schrieb Grosz oft Briefgedichte, wie zum Beispiel an den Schriftsteller Ulrich Becher. Diese wurden jedoch erst nach dem Tode von Grosz veröffentlicht.[88]

Die Begeisterung, die Grosz für Amerika empfand, war grenzenlos und unkritisch. Sie wird verständlich als Gegenbild zur Enttäuschung über Deutschland. *Deutsch sein, heißt immer: geschmacklos sein, dumm, häßlich, dick, unelastisch – heißt: mit 40 Jahren keine Leiter besteigen können, schlecht angezogen sein – deutsch sein heißt: reaktionär schlimmster Sorte, heißt: unter hundert wäscht sich mal einer den ganzen Körper*,[89] schreibt er 1916 an seinen Dresdner Freund Robert Bell. Und in einem anderen Brief vom gleichen Jahr: *Es ist auch nicht so ohne weiteres romantisch zu nennen, wenn nunmehr der Knabengedanke an Auswanderung nach dem milliardenreichen Siegesland Amerika immer mehr Fuß in meinem Gedankenleben faßt.*[90] Von Deutschland lossagen wollten sich auch andere. Wieland Herzfelde nannte es «produktiven Jähzorn», daß sein Bruder, der Maler und Grafiker Helmut Herzfeld, als Antwort auf den neuen Gruß: «Gott strafe England!» seinen Namen ins Englische übersetzte und sich John Heartfield nannte. Er stellte sogar einen Antrag auf Legalisierung des Pseudonyms, das die kaiserlichen Behörden jedoch ablehnten. So wurde er zunächst nur im Freundeskreis Heartfield genannt.[91] «Und seit wir im Sommer 1915 Georg Groß kennengelernt hatten, – er schrieb seinen Namen seit September 1916 George Grosz und sprach seitdem das o in Grosz kurz (wie Rost) aus –, begeisterte sich John nicht weniger als ich für seine Zeichnungen und Aquarelle. Wir hätten am liebsten allein für ihn eine Zeitschrift gemacht. Wenn John nicht gerade bei mir war, war er gewiß bei Grosz in Südende.»[92] Die Angst, wieder zum Militär eingezogen zu werden, überschattete alles. *Es gibt Stunden, die Grosz in stumpfem Brüten im verqualmten Atelier auf dem Sofa zubringt, tierisch stumpf – wohl ein Knick, der von der Militärzeit hin und wieder sichtbar wird*, schreibt Grosz im September 1915 an Bell.[93] *Das Kriegserlebnis besteht teilweise in Warten, in einer furchtbaren Demütigung des Menschen. Das ist im Grunde genommen auch immer wieder der kleine Junge, der in die Gosse gestoßen wird... Und dann nachher ist alles Schweigen, Tod und Nichts. Da ist Nichts. Da ist Warten und Nichts. Das steht dann in meinen Zeichnungen drin.*[94]

Er empfand das Leid so ungeheuer stark, daß in ihm eine Stimmung des Protests wach wurde, die sich Luft machen mußte. In verschiedenen deutschen Städten veranstalteten die Autoren der «Neuen Jugend» Vortragsabende gegen den Krieg. Grosz las unter anderem mit Däubler, Ehrenstein, Johannes R. Becher, Herzfelde und Else Lasker-Schüler aus eigenen Dichtungen. Der erste Abend fand am 13. September 1916 in Berlin statt und wurde am 22. September wiederholt. Grosz trat in Dresden, München und Mannheim auf. Im Juni-Prospekt der «Neuen Jugend» von 1917 sind weitere Veranstaltungen angekündigt. Ob sie noch stattgefunden haben, ist nicht mehr festzustellen. «Dichtervorlesungen gegen den Krieg hatten andere Verlage schon vorher veranstaltet, so Paul Cassirer mit Tilla Durieux. Die Teilnehmer waren geladene Gäste. Wir aber veranstalteten die ersten öffentlichen Literaturabende gegen den Krieg. Kriegerfrauen und -witwen brachen in Tränen und Schreie aus. ‹Nieder mit dem Krieg!› wurde gerufen, und es kam einige Male zu Tumulten, so daß die Polizei einschritt.»[95]

Die Zeichnung *KV* (Kurzform von kriegsdienstverwendungsfähig), die wahrscheinlich 1918 entstand, wurde zu einem bekannten Dokument des Antikriegsprotests. Sie zeigt ein von Würmern zerfressenes Skelett, das von Militaristen umgeben ist. 1919 wurde sie in «Die Pleite» und als Lithographie in der Mappe *Gott mit uns* publiziert. 1921 erschien die Lithographie unter dem Titel *Die Gesundbeter oder die K. V.-Maschinen* in dem Sammelband *Das Gesicht der herrschenden Klasse*; noch einmal 1930 in *Die Gezeichneten* und 1931 in *A postwar museum* (London). Es ist typisch für Grosz, daß seine Originalzeichnungen oft später als Umdrucklithographien Verwendung fanden. Viele seiner Arbeiten hat er mehrfach in anderen Zusammenstellungen, teilweise auch unter verschiedenen Titeln, veröffentlicht.

Die Zeichnung *KV* ist jedoch von besonderer Bedeutung, vor allem wegen ihres Bezugs zu Brechts «Legende vom toten Soldaten» (1918):

Der Sommer zog über die Gräber her,
Und der Soldat schlief schon.
Da kam eines Nachts eine militärische Ärztliche Kommission.

Es zog die Ärztliche Kommission
Zum Gottesacker hinaus.
Und grub mit geweihtem Spaten den
Gefallnen Soldaten aus.

Der Doktor besah den Soldaten genau,
Oder was von ihm noch da war.
Und der Doktor fand, der Soldat war k. v.
Und er drückte sich vor der Gefahr.

Auch Brecht war wie Grosz konsequenter Pazifist. Seine Ballade soll er in einer Münchner Kneipe vor Kriegsveteranen gesungen haben, die sein Lied mißverstanden, sich verhöhnt fühlten und ihn mit Biergläsern angriffen.[96]

Am 4. Januar 1917 wurde George Grosz erneut einberufen, diesmal zum Landsturm-Infanterie-Bataillon nach Guben bei Berlin. Auf diese zweite Einberufung reagierte er mit Panik und Verzweiflung.

Grosz im Atelier. Berlin-Südende, August 1917

Aus dem Reservelazarett «Kronprinz» in Guben schreibt er am 18. Januar 1917 an seinen späteren Schwager Otto Schmalhausen: *Ich bin eingezogen worden, so am 4. ungefähr (augenblicklich sind ja meine Gedanken klar) – doch schon am 5. wurde ich hier in dieses Höllenlazarett eingeliefert, wo ich noch liege. Dunkel ist um mich alles, und beinschwarz flattern die Stunden fort. Lieber Schm., ich bin bei Gott nicht mehr fröhlich, mein Menschenhaß ist ins Ungeheure gewachsen, trotzdem stimmt mich meine Lage nicht elegisch noch sentimental. Mir scheint es, als werde ich langsam dem Trübsinnswahn entgegengehen. Ich muß hier die Sünden büßen, die mein zweiter unterbewußter Mensch begeht – ich durchschreite die blanke Hölle. Weiß, oh nein: schädelweiß steht der gezackte Himmel in den Fenstern – aber Sterne sah ich nie – nur lauter Sehnsucht nach heißem*

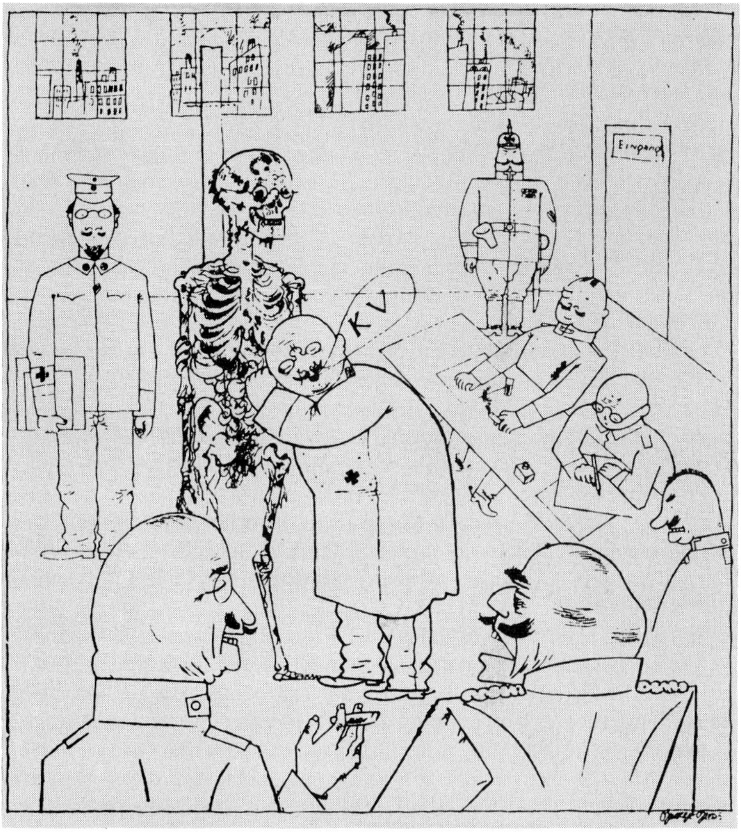

«K. V.» (Die Gesundbeter), 1918. Museum of Modern Art, New York

Küstensand liegt in mir, und über den Betten hängen schwarze Vögel, die Tafeln der kranken Tiere – längst wich Menschliches aus ihren Gesichtern, den gelben bösen, oder roten betuschten mit giftigen Seuchen… Schreiben Sie mir, ich bin hier gänzlich allein. Ihr G. gestorbener.[97] Ende Februar wurde Grosz in die Nervenheilanstalt Görden bei Brandenburg gebracht. Von hier schreibt er am 15. März 1917 an Schmalhausen: *Vorerst hat man mich unschädlich gemacht, interniert, zur speziellen Begutachtung meiner noch in Frage kommenden Dienstfähigkeit.*

Die Lage ist die: entweder man schickt mich d. u. at home, oder aber wieder retour zur Landstürmertruppe nach Groß-Breesen bei Guben!

Das bedeutet dann abermals den Zusammenbruch! – Jahrelang hat man an sich gearbeitet, gefeilt, gebaut – nun geht es eben nicht mehr, sich sofort

so um- und einzustellen, wie es eine jeweilige Machtkategorie haben möchte – geht niemals! Lieber – verpflanz den Baum in andere Erde, er geht ein – so mir. Die Nerven, jede kleinste Faser, Abscheu, Widerwillen – nun meinetwegen krankhaft – jedenfalls totales Versagen, selbst allmächtigstem Paragraphenzwang gegenüber.[98]

Aus dem Briefwechsel mit Schmalhausen geht es nicht hervor, es muß jedoch in Guben zu einem völligen Zusammenbruch gekommen sein. Grosz schildert selbst eine Lazarettszene. Er habe sich geweigert, aus dem Bett aufzustehen. *In einem Wutanfall griff ich den Sanitätsfeldwebel tätlich an.*[99] Er warf ihm eine Schüssel mit Dörrgemüse ins Gesicht, worauf sich seine Kameraden freiwillig auf ihn stürzten und ihn durch Tritte «beruhigten».

Es ist oft geschrieben worden, daß Grosz vor ein Militärgericht gestellt wurde und daß nur die Intervention seines Mäzens, des Kunstsammlers Harry Graf Kessler, ihn vor der Todesstrafe durch Erschießen gerettet habe.[100] Grosz hat lediglich formuliert: *Es hieß, ich solle als Deserteur erschossen werden. Glücklicherweise erfuhr davon auch Graf Kessler. Er intervenierte für mich, mit dem Ergebnis, daß ich begnadigt und in eine Anstalt für Kriegsirre gebracht wurde.*[101] In der Akte des Berliner Krankenbuchlagers befindet sich ein Gutachten des Sexualforschers Magnus Hirschfeld über Grosz, er sei nicht wehrdienstfähig. Die Intervention durch Graf Kessler ist hier nicht belegt.

Am 27. April durfte Grosz nach Berlin zurückkehren. Am 20. Mai 1917 wurde er aus dem Heer mit dem Vermerk «dauernd dienstunbrauchbar» entlassen. Er glaubte jedoch nicht daran und lebte weiter in ständiger Furcht vor erneuter Einberufung oder Inhaftierung im Militärgefängnis.

Die Flucht in die Neue Welt, in ein ideales Amerika, wie es nur in seinen Vorstellungen existierte, wurde nun noch intensiver. Däubler nahm 1917 Paul Westheim, den Herausgeber des «Kunstblatts», mit in Grosz' Atelier nach Südende. Man saß auf niedrigen Hockern und rauchte Pfeife. Die Mitte des Raumes war in ein Indianerzelt verwandelt worden. Gemalte oder richtige Tomahawks, Büffelfelle hingen an den Wänden. Inmitten dieser romantischen Wildwest-Umgebung lehrte Grosz Westheim, wie sich ein Amerikaner bewegt, wie man boxt, Pfeife raucht, Fotos macht, Negerlieder singt und nach Ragtime-Musik tanzt. Zwischen den Wildwest-Sachen waren Briefe, Fotos und Sprüche angebracht, die alle etwas mit Amerika zu tun hatten. Besonders stolz war Grosz auf große Fotos von Edison und Henry Ford[102], die er mit selbstverfaßten Widmungen versehen hatte.[103]

Sein erstes Bild verkaufte Grosz 1917 an einen Mannheimer Großkaufmann, der die deutsche Heeresleitung belieferte: Sally Falk. Dieser Künstlermäzen alter Schule hatte bereits den Bildhauer Lehmbruck regelmäßig unterstützt und gedachte, Grosz in ähnlicher Weise zu helfen. Der Künstler sah jedoch sein Verhältnis zu Falk nur als ein *kurzlebiges*

Groteskspiel[104]. Er schmeichelte dem Gönner, um von ihm Geld zu bekommen. Grosz meinte zwar später, daß er als *Clown vielleicht mehr hätte verdienen können, aber die mäzenatischen Krümel und halbangenagten Knochen waren auch nicht schlecht. Schließlich gab es unter mir noch viele Stockwerke und darunter noch viele Keller.*[105]

In einem Skizzenbuch vom September 1917 bis Februar 1918 findet sich der undatierte Entwurf zu einem Brief an Sally Falk. Die ersten kleinen Erfolge in den intellektuellen Antikriegskreisen reichten durchaus nicht aus, um seine Existenz zu sichern. *Lieber H. Falk! mir gehts scheußlich – nun treten auch Sie noch gegen mich auf, und senden nur 100 M (einhundert) – ich kann mir wohl denken, daß Sie mir böse sind, weil ich Ihnen nichts sandte, ich bitte Sie aber herzlichst* [herzlichst durchgestrichen], *dies wirklich zu entschuldigen. Heute sandte ich 14 Zeichnungen an 18 Mollstraße. Ich wohne seit Dez. bei meiner Schwester, Wilmersdorf, Hohenzollerndamm 201 II. Da ich immer noch keine Kohlen bekomme, um im Atelier zu arbeiten – dies und dann die ständige Bedrücktheit wieder eingezogen zu werden lähmt mich natürlich außerordentlich und habe ich diese Monate so gut wie nichts gearbeitet. Ich bitte Sie herzlichst mir doch wenigstens die MK 200 nachzusenden.*[106] Wahrscheinlich hatte dieser Brief Erfolg, wenngleich keine Antwort bekannt ist und auch die Beziehung zu Falk nach Ende des Krieges weniger wichtig wurde.

Ermutigt in seiner Arbeit wurde Grosz besonders durch die Brüder Herzfeld. Wieland fand sich nur schwer damit ab, «daß John damals alles, radikal alles vernichtete, was er bis dahin als Künstler geschaffen hatte. Es gab für ihn nur mehr einen lebenden Künstler, der mit Pinsel und Feder weiterarbeiten durfte, und das war unser Freund George. Wenn die Zeichnungen, Aquarelle und Ölbilder von Grosz aus den Jahren 1915 bis 1930 auf so vielfältige Weise reproduziert wurden wie die Werke nur weniger Zeitgenossen, so ist das nicht zuletzt ein Verdienst Heartfields. Er schleppte unzählige Male Blätter von Grosz, oft auch ihn selbst zu dem Lithographen Birkholz.»[107] Er ließ überdies auf Kosten des Malik-Verlags Klischees von Grosz-Arbeiten auf Vorrat anfertigen.

Die Monatsschrift «Neue Jugend» war im April 1917 verboten worden. Von der Wochenausgabe, die als Werbeprospekt bezeichnet wurde, um die Zensurvorschriften zu umgehen, erschienen nur zwei Nummern jeweils im Mai und Juni 1917. Heartfield zeichnete für die beiden Ausgaben verantwortlich, da sein Bruder wieder an der Front war. Die Typographie der im «amerikanischen Format» erschienenen Blätter war vollkommen neuartig. Vor allem in der dreifarbigen Juni-Ausgabe – auch «Prospekt zur Kleinen Grosz-Mappe» genannt – befreite sich Heartfield völlig von traditionellen Gestaltungszwängen. Durch die Montage von Akzidenz- und Klischee-Material werden die Grenzen zwischen Schrift und Bild verwischt, kein Element ist dem anderen zu- oder untergeordnet.

Die Mehrzahl der ungezeichneten Artikel stammte von dem Schriftsteller Franz Jung, den Herzfelde als «Mephisto» bezeichnete und dessen «Gemisch aus Individualanarchismus und utopischem Radikalsozialismus»[108] er beeindruckend fand. Er war der Verfasser der Chronik, eine den Heften im Telegrammstil vorangestellte Satire auf die Schlagzeilen der Tagespresse. Es finden sich Formulierungen wie: «...durchhalten. Dieser Privatsache Krieg wegen?» und «Das Sich-Wehren steigt endlich im Kurs». Grosz nannte Jung einen *Dichter und Gewaltmenschen*, der es liebte, mit dem Revolver umzugehen. Jung hat ein abenteuerliches Leben geführt, er ist mit einem gekaperten Dampfer unter roter Flagge von Hamburg nach Murmansk gefahren, später aber enttäuscht nach den USA ausgewandert und hat unter anderem als Herausgeber einer «Wirtschafts-Korrespondenz» recht mühsam seinen Lebensunterhalt verdient.[109]

Im Frühjahr 1917 war die erste George-Grosz-Mappe erschienen, neun Original-Lithographien und Titelblatt mit einer Auflage von 120 numerierten Exemplaren. Im Herbst des gleichen Jahres folgte die «Kleine Grosz-Mappe», 20 Lithographien, ebenfalls in einer Auflage von 120 Exemplaren. Ein rosarotes Textblatt in hellblau aufgeschlagener Silbermappe enthält Verse aus den *Gesängen*. Die Zeilen sind illustriert mit kitschigen Klischeebildern: Trompete, Totenschädel, garnierter Schweinekopf und «Stammbuchblümchen». Die Typographie stammt wieder von Heartfield, sie ähnelt der Juni-Ausgabe der «Neuen Jugend» und war so in formaler Hinsicht ebenfalls ein Wegbereiter der Berliner dadaistischen Druckerzeugnisse. Die Titel sind knapp und entsprechen den Themen der Blätter: *Fräulein und Liebhaber, Straße, Straßenbild, Kaffeehaus, Goldgräberbar, Krawall der Irren, Straße des Vergnügens, Werbung, Gesellschaft, Café, Spaziergang, Häuser am Kanal, Vorstadthäuser, Die Fabriken, Die Kirche, Das einzelne Haus, Der Dorfschullehrer, Jägerlatein, Mord, Hinrichtung.* Während Monde und Sterne, die häufig auftreten, eine romantische Kulisse bilden, sind die Menschen ohne Poesie, sie trinken Schnaps, spielen Karten oder hasten aneinander vorbei. Sexuelle Begierde und Mord lauern.

Wenngleich Grosz hauptsächlich von seiner Vorstadt-Umwelt zum Zeichnen angeregt wurde, so entwickelte sich sein Stil doch nicht beziehungslos zu zeitgenössischen Strömungen. Am größten ist die Verwandtschaft mit dem italienischen Futurismus, dessen Bildstrukturen bestimmt werden von der simultanen Wiedergabe von Bewegungsvorgängen und räumlichen Durchdringungen.

1917/18 malte Grosz das Bild *Widmung an Oskar Panizza*. Umberto Boccionis 1912 in der Sturm-Galerie in Berlin gezeigte «Macht der Straße» diente ihm als formales Vorbild. Während der Arbeit schrieb er am 15. Dezember 1917 an seinen Freund Schmalhausen: *Ich male zur Zeit an einem großen Höllenbild – Schnapsgasse grotesker Tode und Verrückter, da spielt sich viel ab – der Leibhaftige reitet auf dem queren Sarg nach*

«Berlin-Friedrichstraße», 1918. Tusche und Feder. Akademie der Künste, Berlin

«Widmung an Oskar Panizza», 1917/18. Öl auf Leinwand. Staatsgalerie Stuttgart

links ab durchs Bild, rechts übergibt sich ein Jüngling, speit er all die schönen Jugendillusionen in die Leinewand. – Oskar Panizza hab ich dies Bild gewidmet. Ein Gewimmel besessener Menschtiere – darin, daß diese Epoche destruktiv nach unten segelt – bin ich in der Anschauung unverrückbar...[110]

Oskar Panizza (1853–1921) war Irrenarzt in München, wurde wegen Religionsvergehens und Majestätsbeleidigung angeklagt und lebte seit

1904 selbst als Patient in einer Irrenanstalt. Dieser Autor phantastischer Erzählungen («Visionen der Dämmerung»), die im Stile Edgar Allan Poes verfaßt waren, zeigte sich als Satiriker und anarchistischer Kritiker der herrschenden Gesellschaft. Grosz stellte die aus den Fugen geratene Zeit dar, die Panizza hatte kommen sehen. «Aus der Dämonie des Hasses steigt die haarsträubende, in Verwesungsfarben schillernde Vision einer Menschheitszersetzung auf.»[111] Der dominierende Blauschwarz-Rot-Akkord und das kalte Gelb sind die Farben der letzten Lebensstunde. Individuelle und kollektive Angstzustände werden in der Groszschen Bildsprache überdeutlich. «Dämonen oder Karikaturen –» fragt Werner Hofmann. «Soll hier Angst bezeugt oder provoziert werden?... Die Szene ist das Straßenlabyrinth der nächtlichen Großstadt. Ein dicht gedrängter Zug von Lemuren und Fratzen torkelt und stürzt auf uns zu, als wäre er einer Büchse der Pandora entsprungen. Seine wichtigsten ikonographischen Quellen sind der Totentanz, die sieben Todsünden, der Höllensturz der Verdammten und das der volkstümlichen Satire entnommene Thema der verkehrten Welt. Allgemein sieht man das Bild als Dokument der Moral- und Gesellschaftskritik. Es ist der Leichenzug der bürgerlichen Welt, dargestellt von perversen und brutalen Spukgestalten, die ihrem eigenen Begräbnis beiwohnen.» Hofmann ist mit einer Interpretation, die sich nur auf außerkünstlerische Vorstellungen stützt, nicht zufrieden. Er sieht – und das sicherlich zu Recht – in derartigen Erklärungen eine Vereinfachung. «Ist das ‹Leichenbegängnis› wirklich nur klassenkämpferisch engagierte Gesellschaftskarikatur?» Auch bei Bosch und Goya war bereits die Frage nach der «Grenzlinie zwischen Anklage und subjektiver Befriedigung am Abseitigen und Perversen» zu stellen.[112] Grosz steigerte sich – das ist durch Aussagen und Briefe belegbar – von einer aus den Zeitumständen und seinen persönlichen Erlebnissen in Lazarett und Irrenanstalt herrührenden Verzweiflung immer weiter in einen gefährlichen Zustand hinein: *– jetzt gehe ich durch Höllen, und alles Erleben in mir wurde Verwesung, Gift, und die Kadaver dampfen – um mich sind scheue Tiere, oft mich grinsend ansehend (Losung: nur fressen und saufen).*[113]

Seit 1916 kannte er seine spätere Frau, Eva Peter, eine Mitstudentin aus der Orlik-Klasse. Mit den Worten: *Bin ich Ihnen im Wege?* soll er sie, hinter ihr stehend, zum erstenmal angesprochen haben. Aus Evas Briefen an ihren Schwager Schmalhausen läßt sich das Auf und Ab ihrer Bekanntschaft mit Grosz während der ersten Jahre ablesen. Pfingsten 1918 klagte sie in einem Brief: «George kennt nur Extreme. Ich verlange gewiß keine abgeklärte Natur, auch hasse ich Flauigkeiten oder Halbheiten; trotzdem macht er sich und anderen das Leben ungemein schwer dadurch, daß er von jedem gleich das Äußerste verlangt, von sich wie von anderen. Und wie recht hast Du mit Deiner Behauptung, daß er alles menschliche in sich systematisch ausrotte und sich nur an das Böse im Menschen, den

Schlamm klammere. Was soll daraus werden? ... Sowie er merkt, daß er irgendwie Zugeständnisse macht oder machen soll, ist es mit ihm vorbei.» In einem Brief vom Sommer 1918: «Du ahnst gar nicht wie pessimistisch George manchmal ist, aus diesem Grunde [gemeint ist hier seine finanzielle Situation] einesteils natürlich ein Segen als Ansporn für neues Schaffen. Böff arbeitet augenblicklich angestrengt an einem großen Bild: ‹An Deutschland›. Ich glaube, wenn Du das hörst, weißt Du, wie das Bild ist; – dann malt er mich (vorläufig Porträt) auch Herzfelden; außerdem arbeitet er täglich mit H. an einem neuen Film. Ich bin sehr glücklich darüber. Es gab Wochen, in denen er sehr wenig tat; da gab es böse Stunden der Gereiztheit und des Zankes für uns. Jetzt ist das vorüber, neulich sagte er, im Rückblick auf einen schrecklich verzankten Tag zwischen uns beiden: *Weißt Maud*[114], *ich glaube, wenn man nicht arbeitet, wird man hysterisch*. Ich hätte ihm dafür um den Hals fallen mögen.»[115]

Der erwähnte Film war ein Trickfilm mit dem Titel «Pierre in St. Nazaire». Harry Graf Kessler hatte, als im Sommer 1917 eine «Militärische Bildstelle» gegründet wurde, Heartfield dort eine Anstellung als Regisseur naturwissenschaftlicher Dokumentarfilme vermittelt. Der Film sollte die Landungsabsichten der Amerikaner in Frankreich lächerlich machen, andererseits aber die deutsche Armee und die «Dicke Bertha», ein 42-cm-Geschütz, propagieren. «Die Arbeit befriedigte die beiden Hersteller durchaus. Sie hatten keine Musterung mehr zu befürchten, verdienten gut und übereilten sich nicht... Als der Trickfilm endlich fertig war, nahm der Auftraggeber ihn nicht ab; denn die Amerikaner waren bereits an der Westfront durchgebrochen. Überdies sahen die Soldaten des Kaisers derart aus, daß sie das Gegenteil von Sympathie oder gar Begeisterung erweckten.»[116]

Mit dem Bild «An Deutschland» ist *Deutschland, ein Wintermärchen* gemeint, ein wichtiges sozialkritisches Gemälde, das über die reine destruktive Verzweiflung der Panizza-Hölle hinausreicht. Zwar findet sich in ihm die ganze Motivwelt des frühen Grosz wieder, er wählte jedoch das Bauprinzip eines mittelalterlichen Altarbildes für seine bittere Satire. Willi Wolfradt nannte das Bild eine «futuristische Melange von Bordell, Fabrik, guter Stube, Kirche und Kaserne, patronisiert von einem biederen Reserveoffizier... und unten jene Heiligentypen der Zeit: Pfaffe mit Brevier, General mit Stern, Professor mit schwarzweißrot bebändertem Bakel und – natürlich! – seinem Goethe in der Hand, alles bunt, öldruckhaft, fett gemalt, indes links unten wie eine Stifterfigur als dunkle Silhouette Grosz selbst mit galligen Mienen erscheint, den Tod drohend, den Selbstmord im Nacken (wenn ich ein rotes Loch in der Schläfengegend nicht falsch deute). Man kann diese engen, scheinheiligen, hyperbourgeoisen Galgenphysiognomien nicht vergessen, sie legen sich erstickend auf die Erinnerung.»[117] *In der Mitte setzte ich den ewigen deutschen Bürger, dick und ängstlich, an ein leicht schwankendes Tischchen mit Zigarre*

«Deutschland, ein Wintermärchen», 1917–19. Öl auf Leinwand. Verschollen

und Morgenzeitung darauf... Der Bürger hielt sich krampfhaft an Messer und Gabel fest; die Welt schwankte um ihn; ein Matrose als Symbol der Revolution und eine Prostituierte vervollständigten mein damaliges Bild der Zeit.[118]

Viele Grosz-Bilder haben später während des nationalsozialistischen Bildersturms ein bewegtes Schicksal erlitten. *Deutschland, ein Wintermärchen* hing bis 1933 in Herzfeldes Haus in Berlin-Wannsee und gilt heute als verschollen. *Widmung an Panizza* befand sich im Besitz des Sammlers Kirchhoff und war als Leihgabe im Grosz-Raum des Wiesbadener Museums zu sehen. Noch 1954 nahm Grosz an, daß das Bild verloren sei; es war aber relativ ungefährdet in der Privatsammlung über die Nazizeit hinweggekommen und schon 1949 über den Kunsthandel an die Staatsgalerie Stuttgart verkauft worden.

Es war nichts Ungewöhnliches, daß sich Grosz auf einem Bild selbst darstellte. Im Zusammenhang mit den zahlreichen Ölbildern der Kriegszeit sind jedoch *Der Liebeskranke* und *Der Abenteurer*, beide 1916 gemalt, hervorzuheben. *Der Liebeskranke* ist ein Selbstporträt: Grosz im «Café des Westens». Das Braunschwarz des Anzugs wird umgeben von violetten und rotvioletten Tönen. Die linke Körperseite ist transparent gemalt. Herz und Pistole leuchten hervor. Der Kopf ist der eines Toten; dunkle Augenhöhlen, die Knochen von weißer Haut überspannt. Ähnlich auch *Das Caféhaus*, bekannt als *Lebecafé*, das im gleichen Jahr entstand. «Vorn, schauerlich-vornehm distanziert, sitzt wieder so einer, bekleidetes Skelett, Zigarette im tödlich blasierten Kiefer, Schädel von knochenmagerer Hand gestützt...» Mit diesen Worten beschreibt Mynona das Bild.[119] Vom Bild *Der Abenteurer* gehen nicht dieselbe Angst und Todesnähe aus wie vom *Liebeskranken*. Ebenso wie bei der Zeichnung *Der Goldgräber* wird die Komposition bestimmt durch eine plakathaft gemalte männliche Figur in der Mitte des Bildes. «Wie die entschlossen gespreizten, geradlinigen Beine, ergreifen die nach beiden Seiten mit

«Der Liebeskranke», 1916. Öl auf Leinwand. Kunstsammlung Nordrhein-Westfalen, Düsseldorf

Revolvern drohenden, muskelstrotzenden Arme von der Fläche Besitz...» Das Gemälde ist ein amerikanischer Bilderbogen. «Panzerschiffe, Loren, perspektivisch übertriebene Fensterreihen vollenden den Eindruck einer toll gewordenen Industrie, einer sich an sich selbst berauschenden Technik...» Davor steht die Gestalt des Abenteurers, «in seinem brutalen Zynismus zugleich als das naturnotwendige Erzeugnis und als Rachegott dieser entseelten Räuberzivilisation... Wie Projektile des Bösen fliegen Flaschen und Schnapsgläser durch den Raum. Dazwischen züngeln Blitze auf... Auf rot, grün und gelb baut sich das Ganze auf, und es ist von höchstem Raffinement, wie brutal und unermüdlich in aufreizender Kontrastierung die Farben nebeneinandergesetzt sind. Das Bild hat echte Höllenlohe in sich. Dazwischen kleine und sehr fein berechnete Episoden von schillernden und delikat nuancierten Malereien...» Wolfradt fand, es sei «der disziplinierteste Hexensabbath, das organischste Tohuwabohu»[120]. Er erkannte aber auch als einer der ersten Grosz-

«Der Abenteurer», 1916. Öl auf Leinwand. Verschollen

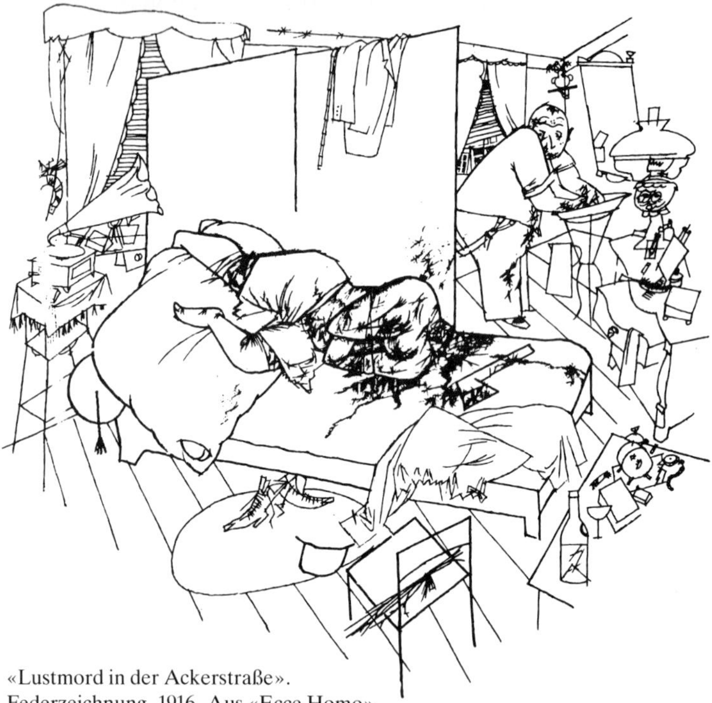

«Lustmord in der Ackerstraße».
Federzeichnung, 1916. Aus «Ecce Homo»

Interpreten die klare, geometrische Konstruktion, die dem Bilde zugrunde lag, und sah «wie im Herzen des Abenteurers, der Bildmitte, doch alle großen Linien des scheinbar so willkürlich zerbrochenen Bildes zusammenstoßen, wie die Fäden eines Puppenspiels»[121].

1918 malte Grosz eine Serie von Ölbildern, von denen einige heute als verloren gelten. Das Hauptthema, das ihn immer wieder beschäftigte und von dem er wenigstens drei Visionen schuf, war *John der Frauenmörder*. Traumähnlich ist die Komposition dieser Bilder, aber Tod und Brutalität dominieren, ebenso wie *Die Blut-Rots meiner selbstmörderischen Palette*[122]. Auch die Frauenmörder-Versionen sind im wesentlichen selbstporträtähnliche Szenen, Auseinandersetzungen des Malers Grosz mit den verschiedenen Aspekten seiner widersprüchlichen Natur in einer apokalyptischen Zeitepoche. Hans Hess hat die Frage gestellt, ob Grosz in jedem Menschen einen potentiellen Mörder sah – «waren der Mörder und sein Opfer nur zwei mögliche Existenzformen des Menschen?»[123] Beth Lewis untersuchte die Lustmord-Darstellungen als generelles Thema deutscher Künstler im und nach dem Ersten Weltkrieg; sie interpretiert die Künstler als Teilhaber an zeittypischen Ängsten, vor allem vor Sexualität und der veränderten Rolle der Frau.[124]

DADA Berlin

Zerstörung und Sinnlosigkeit des Weltkrieges führten zu dadaistischen Handlungsweisen, bevor diese Bewegung überhaupt erfunden war. Herzfelde berichtet von den «Liebesgaben», die Grosz an die Front schickte, um seine Bekannten zu ärgern: «Als ich Ende 1916 zum zweiten Mal an der Westfront war, machte eines seiner Päckchen großes Vergnügen durch die Grazie, mit der die Feldpostadresse geschrieben war, und die Sorgfalt, mit der alles gepackt war, vor allem aber durch die Ironie, mit der er die Gaben ausgesucht hatte. Es enthielt 2 gestärkte Hemdbrüste, eine weiß, eine geblümt, 1 Paar schwarze Ärmelschoner, zierliche Schuhlöffel und verschiedene Tüten mit Teeproben, die, so besagten handgeschriebene Schildchen, Geduld, schöne Träume, Respekt vor der Obrigkeit und Treue zum Herrscherhaus hervorriefen. Auf einem Karton klebten wirr durcheinander Annoncen für Bruchbänder, Kommersbücher und Hundekraftnahrung, Etiketten von Schnaps- und Weinflaschen, Fotostückchen aus illustrierten Zeitungen – beliebig zerschnitten und sinnwidrig zusammengeklebt.»[125] Erst viel später wurde die hier benutzte Spielerei zu einer bewußten künstlerischen Technik, der Fotomontage, deren Erfindung die Berliner Dadaisten für sich beanspruchten.

Das eigentliche Wort DADA hatte Richard Huelsenbeck im Januar 1917 vom Züricher Umkreis des Cabaret Voltaire nach Berlin gebracht. Das kleine Wort, das in der Schweiz für einen antiästhetischen Trend stand, flammte in Berlin zu einer politisch gefärbten Aktion auf, die sich gegen den Militarismus, die verkalkten und perfiden Institutionen, den Spießer und den Schieber richtete. Grosz schien auf das Stichwort nur gewartet zu haben: Er trat in Matineen und in Kabaretts auf, tanzte, rezitierte seine Gedichte und nahm teil an improvisierten Nonsens-Szenen. «Grosz hatte damals den Mut zu einer Überzeugung, deren Definition keinem von uns wirklich klar war. Er demonstrierte mit uns gegen einen Feind, der uns Tag und Nacht unsichtbar umschloß.»[126] Huelsenbeck fand, daß die Berliner Dadaisten damals (1918–20) in einem Konflikt lebten. «Es war ein politischer, ökonomischer und emotioneller Konflikt. Wir wollten die Welt ändern, und indem wir die Welt änderten, sollten wir wachsen, gefühlsmäßig und hauptsächlich künstlerisch. Der emotionelle Konflikt machte unsere Tage schwierig und unsere Nächte unsicher. Grosz ganz besonders lebte zwischen romantischen Sehnsüchten nach einer Umgebung, die unseren Erwartungen mehr entsprach, und der Aggression, wie sie der Alltag forderte. Wir alle waren sentimentale und zugleich unerbittliche Kritiker unserer Umgebung und unserer eigenen Persönlichkeiten. Wir belegten uns mit Schimpf- und Spottnamen, wir nannten uns Dadamarschall, Dadasoph und Pipidada, wir verfolgten uns gegenseitig, wir wollten kein normales Leben führen und sehnten uns doch nach einer Form des Ruhms, die Geld und alle Bequemlichkeit der Welt in sich schloß... Abend für Abend saß ich mit Grosz bei Kempinski hinter Weinflaschen und gutem Essen (soweit man das damals für Geld bekommen konnte), und Grosz erzählte mir von seinen Erwartungen. Ich entsinne mich genau, wie er mir eines Tages von dem großartigen Snobismus des englischen Zeichners Beardsley sprach, und dem Diener, der ihm die Farben und die Zeichenstifte nachtrug. Das war das Ideal für einen Mann, der zu gleicher Zeit mit dem Proletariat liebäugelte und bereit war, die politischen Folgen auf sich zu nehmen.»[127] In einem undatierten Brief an Robert Bell hatte Grosz um das Jahr 1917 geschrieben: *Auch die Sozialdemokratie hat versagt, – indessen: – die Sozialisten sind zu beachten, sind zu merken als ein Pünktchen anderes Wollen, als ein Atom Selbstbesinnung zur Menschlichkeit... Doch stehen mir natürlich nie die Gesättigten am nächsten, – ich weiß, daß neue Ideen nur von den Hungernden, Unzufriedenen durchgeführt werden.*[128] Huelsenbeck begriff Grosz als einen «Mann der Widersprüche. Wenn er Ja sagte, meinte er meistens Nein. Er lebte das Irrationale und die Paradoxie des Dadaismus in seinem Leben aus, und da er ein geniales Talent besaß, schüttelte es ihn mehr und beeinflußte seine Lebensform und sein persönliches Benehmen mehr als bei uns anderen. Er wurde von diesem Hin und Her seiner Meinungen so sehr gequält, daß er sich mit Alkohol betäuben mußte, um weiterzuleben. Er sagte mir oft: *Nur so kann ich das Leben ertragen*.»[129]

Die beiden ersten DADA-Soireen fanden Anfang 1918 in der Galerie des Kunsthändlers I. B. Neumann und im Saal der «Neuen Sezession» am Kurfürstendamm statt. Grosz führte unter anderem einen Steptanz vor. Huelsenbeck sprach seine «Erste DADA-Rede in Deutschland» und wurde bei der Rezitation seiner «Phantastischen Gebete» ausgelacht. Der Abend endete in einer Publikumsbeschimpfung.

Der im April gegründete Berliner «Club DADA» hielt nach der November-Kapitulation am 7. Dezember 1918 eine «Sonntagsmatinee» in der «Tribüne» in Charlottenburg ab. Mehring und Grosz veranstalteten ein *Zwiegespräch zweier Greise hinter einem Ofenschirm* und ein *Wettrennen zwischen Nähmaschine und Schreibmaschine*. «An der Nähmaschine: Böff, Weltchampion im Ausstopfen von Zeugungs- und Bildungslöchern...»[130] Wegen des erfolgreichen Skandals wurde die Veranstal-

«Germania ohne Hemd», 1920. Aus: Der Blutige Ernst, Nr. 6, 1919

tung wiederholt «unter solchem Zudrang Entrüstungslüsterner, daß die Polizei den Bürgersteig gegen die Einlaßbegehrenden absperren mußte»[131].

Raoul Hausmann, von vielen Zeitgenossen als der führende Kopf, als der «begabteste dieser intellektuellen Provokateure» (Jung) eingeschätzt, bedauerte die Eifersüchteleien und oft recht kleinlichen Kämpfe der Mitglieder des «Club DADA» gegeneinander. «Die Heartfield-Herzfelde und Mehring beteten George Grosz, diesen Pseudo-Revolutionär, an, Huelsenbeck betete nur Huelsenbeck an; obgleich er mit mir die meisten unserer 12 Manifestationen gemacht hatte, war er immer bereit, zu den Groszisten zu neigen. Auf der anderen Seite sonderte ich mich mit Baader ab, der unglücklicherweise zu oft von seinen religiös-paranoischen Ideen besessen war.»[132] Hausmann hätte im «Club DADA» lieber eine «wahrhafte Brüderschaft»[133] gesehen, war sich aber im klaren darüber, daß die Dadaisten das weder sein konnten noch wollten.

Grosz lief mit einer Maske aus Pappmaché als «dadaistischer Tod» durch die Berliner Straßen. «Der Dadaist liebt das Außergewöhnliche, ja das Absurde. Jede Art Maske ist ihm darum willkommen. Jedes Versteckspiel, dem eine düpierende Kraft innewohnt»[134], notierte der Dichter Hugo Ball in seinem Tagebuch. Grosz urteilte rückblickend 1923: *Der Dadaismus war keine ideologische Bewegung, sondern ein organisches Produkt, entstanden als Reagens auf die Wolkenwanderer-Tendenzen der sogenannten heiligen Kunst, die über Kuben und Gotik nachsann, während die Feldherren mit Blut malten... Heute weiß ich und mit mir alle anderen Begründer des deutschen Dadaismus – daß unser einziger Fehler war, die sogenannte Kunst überhaupt ernst genommen zu haben. Der Dadaismus war unser Erwachen aus diesem Selbstbetrug. Wir sahen die irrsinnigen Endprodukte der herrschenden Gesellschaftsordnung und brachen in Gelächter aus. Noch nicht sahen wir, daß diesem Irrsinn ein System zugrunde lag... Die nahende Revolution brachte die Erkenntnis dieses Systems.*[135]

Am 9. November 1918 war Wilhelm II. zur Abdankung gezwungen worden. Vom Reichstag aus rief der Sozialdemokrat Philipp Scheidemann die «Deutsche Republik» aus. Liebknecht, der Führer des Spartakusbundes, proklamierte wenig später vor dem Schloß die «freie sozialistische Republik». Viele Künstler begrüßten die Revolution mit Enthusiasmus. Zusammengeschlossen in neugegründeten Organisationen wie der November-Gruppe, begriffen sie sich – in Anlehnung an die Ideologie der Künstler in Rußland – als im Auftrag der Revolution tätig. In Wirklichkeit übten sie mehr künstlerischen als politischen Einfluß aus.

Als die führenden politischen Kräfte, die Sozialdemokraten, versuchten, «das deutsche Volk vor Bürgerkrieg und Hungersnot zu bewahren» (Friedrich Ebert), glaubten sie, die Rückführung des Heeres und die Versorgung der Bevölkerung nur mit Unterstützung des Militärs bewerkstelligen zu können. Die kaiserliche Zivilverwaltung blieb bestehen, um die Staatsmaschinerie in Gang zu halten. Zwar übernahmen Bürokraten und Militärs Aufgaben im neuen Staat, doch sie empfanden ihm gegenüber keine Loyalität. Gegen die pseudodemokratische Legislative stellte sich am entschiedensten eine Gruppe in der USPD um Rosa Luxemburg und Karl Liebknecht, der Spartakusbund. Er verlangte statt parlamentarischer Demokratie ein Rätesystem und forderte die Sozialisierung von Schwerindustrie und Großgrundbesitz. Die Mehrheit der Künstler, die Mitglieder der November-Gruppe eingeschlossen, hatte zwar *einige*

Monate lang... rote und rötliche Allegorien und Pamphlete in Massen hergestellt[136] und ihren Herzschlag für das Proletariat entdeckt. Als jedoch mit dem Erstarken der obrigkeitsstaatlichen Kräfte wieder Ruhe und Ordnung einkehrten, wurde ihre Zahl rasch geringer. Grosz gehörte zu den wenigen, die in Solidarität mit den Herzfeld-Brüdern konsequent blieben. Wie sie trat er der Kommunistischen Partei bei, allerdings erfolgte sein Eintritt wahrscheinlich erst zu Beginn des Jahres 1919.[137]

Der Gegensatz zwischen der SPD-Führung und ihren Kritikern von links führte zum Spartakusaufstand in Berlin. Von der Regierung zu Hilfe ge-

Grosz als «dadaistischer Tod»

Barrikade der Spartakisten im Berliner Zeitungsviertel

rufene Freikorps schlugen den Aufstand blutig nieder, und am 15. Januar 1919 wurden Rosa Luxemburg und Karl Liebknecht von Freikorps-Offizieren ermordet. Der Januar-Aufstand und die Art seiner Niederwerfung war ausschlaggebend für den weiteren Verlauf der Geschichte der Weimarer Republik. In der Mappe *Interregnum* veröffentlichte Grosz 1936 eine Zeichnung, die noch in Deutschland entstanden war: *Vergesst es nicht (Remember)*. Ein drohendes Richtergespenst erhebt sich aus den Särgen von Liebknecht und Luxemburg mit einer Blutspur. Die Zeichnung visualisiert die Tatsache, daß «nun das Blut von Liebknecht und Rosa Luxemburg für immer zwischen Eberts Verbündeten und den Männern der Linken floß»[138].

Anfang 1919 fand sich der Kreis um den Malik-Verlag wieder, in der Zusammensetzung seiner Mitarbeiter verändert und erweitert. Aufklärende Broschüren und eine Anzahl satirischer Zeitschriften sollten die neuen Machthaber, die meist mit den alten identisch waren, angreifen und der proletarischen Revolution Auftrieb geben. Die Herausgabe einer neuen satirischen Zeitschrift, die die Tradition von Pfemferts «Die Aktion» fortführen sollte, ging auf ein Gespräch zwischen Graf Kessler und Herzfelde zurück. «Jedermann sein eigner Fussball» erschien nur einmal, im Februar 1919. Den Titel hatte Grosz vorgeschlagen, die Fotomontage der ersten Seite *Preisausschreiben! Wer ist der Schönste?* hatte er ebenfalls erdacht. Sie präsentiert auf einem ausgebreiteten Ballfächer die Porträtköpfe von Mitgliedern der Regierung Scheidemann und Ebert. Die Montage zitiert den Brauch, bei Tanzveranstaltungen die Fächer der Damen mit den Köpfen ihrer Verehrer zu schmücken. Hier wird die Fotomontage zum erstenmal als politische Waffe eingesetzt.

Grosz hatte sein Atelier in Südende aufgegeben und war in die Nassauische Straße in Wilmersdorf gezogen. Zusammen mit den Freunden plante er dort eine neue satirische Zeitschrift. Seine Titelidee war *Der Dämlack*, doch angenommen wurde Carl Einsteins Vorschlag «Die Pleite». Da von vornherein wieder mit einem Verbot gerechnet wurde, war der Scherz: «Die Pleite verboten!» eingeplant. Mehring berichtet, daß Grosz ab und zu an die Tür schlich und ins Treppenhaus hinaus horchte, ob die Schritte von Militärstiefeln zu hören seien. «Ein paar Abende zuvor hatte man an die Ateliertüre getrommelt und ‹Aufmachen!› gebrüllt. Und ein Leutnant mit fünf Mann hatten sich mit vorgehaltenen Revolvern auf uns gestürzt und die Malkästen aufgebrochen und Kisten und Schubladen durchwühlt.»[139] Nur der Selbstbeherrschung von Grosz und seinen Antworten mit amerikanischem Akzent sowie einem Militärpaß mit anderem Namen – das Vermächtnis eines toten Kollegen – war es zu verdanken, daß sie nicht verhaftet worden waren.

Die erste Ausgabe von «Die Pleite» erschien im März 1919. Der Standpunkt der Herausgeber war deutlich. Sie druckten die Einladung zum I. Kongreß der Kommunistischen Internationale. Grosz' satirische Zeichnungen in der ersten Nummer zielten darauf ab, die SPD-Führer lächerlich zu machen. Auf dem Titelblatt erschien Ebert in einem Klubsessel sitzend, ein weiches Kissen unter den Füßen, in der Hand eine Zigarre, im Auge ein Monokel. Er trägt einen Schnurrbart wie Wilhelm II. und eine Kaiserkrone mit abgebrochenem Kreuz. Ein hochmütiger Offizier serviert ihm Sekt im Weißbierglas. Unterschrift: *Von Geldsacks Gnaden.*[140] Grosz karikierte auf den Innenseiten Noske, Ludendorff und Scheidemann. Philipp Scheidemann, der Republik-Ausrufer, wird als Apostel dargestellt, der dem Volke das tägliche Brot seit November immer wieder verheißen hat. Gustav Noske, der die Freikorps zur Unterdrückung des Januar-Aufstandes organisiert hatte, wird von Grosz in der Uniform eines preußischen Offiziers vorgestellt. Er kniet auf einem hingestreckten Körper, wahrscheinlich Liebknecht, den er niederhält und gleichzeitig mit dem Säbel zerhackt. General Ludendorff zieht bei seiner Rückkehr zur Republik eine Spielzeugkanone hinter sich her und wird unterwürfig von Ebert und Scheidemann begrüßt. Eine andere Zeichnung zeigt einen gefesselten Arbeiter, der vor einem preußischen General, einem Geistlichen und einem Richter steht, die ihn feindlich angrinsen, dazu die Unterschrift: *Spartakus vor Gericht – Wer ist bezahlt?*

Als am 3. März von der Kommunistischen Partei zum Generalstreik

Durch Post u. Buchhandel à Nummer 40 Pf. Abonnement: Quartal (6 Nummern incl. Zustellung) 2 Mark. Vorzugs-Ausgabe: 100 numm. Exemplare 1-20 sign. auf echt Zanders Bütten à 10 M., 21-100 à 3 M.

Preis 40 Pf.

"Jedermann sein eigner Fussball"

Jllustrierte Halbmonatsschrift

1. Jahrgang | Der Malik-Verlag, Berlin-Leipzig | Nr. 1, 15. Februar 1919

Sämtliche Zuschriften betr. Red. u. Verl. an: Wieland Herzfelde, Berlin-Halensee, Kurfürstendamm 76. Sprechst.: Sonntags 12–2 Uhr

Preisausschreiben!

Wer ist der Schönste??

Deutsche Mannesschönheit 1

(Bezgl. Seite 4)

Die Sozialisierung der Parteifonds

Eine Forderung zum Schutze vor allgemein üblichem Wahlbetrug

(Diese Ausführungen sollen den Unfug unserer Nationalversammlung selbst vom Gesichtspunkt der Demokraten aus illustrieren, jener Leute, die meinen, ein Volk dürfe keine Regierung besitzen, deren Niveau dem seines eigenen Durchschnitts überlegen ist.)

Man mag Demokrat sein, deutsch-sozialistischer Untertan oder Kommunist, man mag mit Schiller sagen: Verstand ist stets bei wenigen nur gewesen oder behaupten auf jede Stimme komme es (sogar mit Recht) an, die Tatsache wird man nicht bestreiten: Wahlen gehören zu den geaufgerufen wurde, brachen auch in Berlin wieder Straßenkämpfe aus. Arbeiter, Soldaten und Matrosen, deren Zahl auf 15000 geschätzt wurde, besetzten Polizeireviere und Bahnhöfe. Diesmal ließ Noske 40000 Freikorps-Kämpfer auf Berlin marschieren. Mit schweren Maschinengewehren, selbst mit Flammenwerfern und Flugzeugen wurde gegen die Aufständischen gekämpft. Bis zum 16. März gab es 1200 Tote.[141]

Am Freitag, den 7. März, wurde Wieland Herzfelde um 18 Uhr von zwei Kriminalbeamten und einem bewaffneten Soldaten verhaftet. Sie beschlagnahmten im Malik-Verlag Plakate und 200 bis 300 Exemplare der Zeitschrift «Jedermann sein eigner Fussball». Carl Einstein begab sich in Grosz' Atelier, berichtete von Herzfeldes Festnahme und riet ihm unterzutauchen. George Grosz floh in das Haus Savignyplatz 5, wo seine zukünftige Schwiegermutter, Anna Peter, ihn während der kritischen Tage versteckt hielt.

Graf Kesslers Tagebuch-Eintragungen[142] liefern eine sehr genaue und lebhafte Wiedergabe der Ereignisse und Grosz' Meinungen dazu.

«Berlin, 5. Februar 1919. Mittwoch.

Die Regierungstruppen haben Bremen genommen; die Spartakisten sind geschlagen.

Vormittags Besuch beim Maler George Grosz in Wilmersdorf (Nassauische Straße 4). Dort Wieland und Hellmuth Herzfelde. Grosz hatte ein großes politisches Gemälde ‹Deutschland, ein Wintermärchen›, in dem er die bisher regierenden Klassen als Pfeiler der sattgefressenen, aktivitätsunlustigen Bourgeoisie verhöhnt (Schlummerrolle). Er sagte, er möchte der ‹deutsche Hogarth› werden, bewußt gegenständlich und moralistisch; predigen, bessern, reformieren. Für Abstrakte Malerei habe er kein Interesse. Dieses Bild habe er sich so gedacht, daß es in den Schulen aufzuhängen sei... Im Grunde genommen ist Grosz ein Bolschewist in der Malerei. Er hat einen Ekel vor der Malerei, vor der Zwecklosigkeit der bisherigen Malerei; will etwas ganz Neues mit malerischen Mitteln oder, richtiger, etwas, was die Malerei früher geleistet hat (Hogarth, religiöse Malerei), was ihr aber im 19. Jahrhundert verlorengegangen ist. Reaktionär und revolutionär, eine Zeiterscheinung. Dabei sind seine Gedankengänge intellektuell zum Teil primitiv und leicht anfechtbar.»

Herzfelde, der Kessler gut kannte, bemerkte, daß dessen Einstellung zu Grosz von dem Zeitpunkt an kritisch wurde, als sich Grosz mit den revolutionären Kräften verbunden fühlte.[143] Grosz selbst sah in Harry Graf Kessler den aristokratischen Mäzen einer vergangenen Epoche, *vielleicht der letzte wirkliche Gentleman*. Gleichzeitig betont er, daß er mit Kessler niemals persönlich befreundet war. *Was uns miteinander verband, war lediglich die Beziehung, die dieser kunstsinnige Mann zu meiner Arbeit hatte.*[144]

Kesslers Tagebuch-Eintragung vom 16. März 1919: «Vormittags George Grosz in seinem Atelier besucht, um ihm das Geld für das von mir

Die Pleite

40 Pf. 1. Jahrgang, Nr. 6 — Der Malik-Verlag, Berlin-Leipzig — Anfang Januar 1920 **40 Pf.**

Herausgeber: WIELAND HERZFELDE

Kapital und Militär wünschen sich:

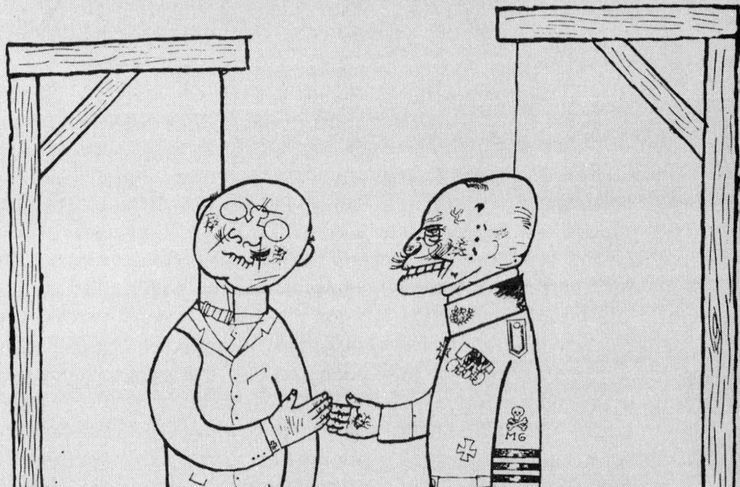

„Ein gesegnetes Neues Jahr!"

gekaufte Bild zu bringen. Nachdem er mich auf den Flur hineingelassen hatte, bat er mich, einen Augenblick hier zu warten, da erst ein Freund, der im Atelier übernachtet habe, verschwinden müsse; wahrscheinlich ein flüchtiger Kommunist.

Grosz sagt, zahlreiche Künstler und Intellektuelle (zum Beispiel [Carl] Einstein) seien auf der Flucht von Haus zu Haus. Die Regierung habe vor, rücksichtslos die Kommunisten ihrer geistigen Führer zu berauben. Er selbst fühle sich jetzt wieder sicher; er bereitet sogar eine zweite Nummer der ‹Pleite› vor mit noch bissigeren Karikaturen. Dann schilderte er einige Erlebnisse der letzten Tage, die ihn offenbar tief erschüttert haben: kämpfende Spartakisten, selbst Zuchthäusler, deren Begeisterung und Todesmut unglaublich waren. Fanatismus für eine Idee. Dadurch habe er einen ganz neuen Begriff vom Proletariat gewonnen. Der Künstler, der Intellektuelle habe sich bescheiden einzuordnen. Noch umwälzender: Er hat gesehen, wie in der Nähe des Eden-Hotels ein Leutnant einen Soldaten, der keinen Ausweis hatte und in rüdem Ton antwortete, totschoß. Die Kameraden des Erschossenen hätten heiß geweint, aus Schmerz oder Wut. Er bekennt sich jetzt als Spartakist. Auch Gewalt sei nötig, um die Idee durchzusetzen; denn anders könne man die Trägheit des Bourgeois nicht überwinden. Ich widersprach, weil jede Idee durch Verbrüderung mit der Gewalt entwertet werde.»[145]

Nachdem er eine Woche als Gefangener in Moabit und Plötzensee gewesen war, wurde Wieland Herzfelde von Graf Kessler besucht. «Seine Schilderungen aus den Gefängnissen sind so furchtbar, daß mir schlecht wurde vor Ekel und Empörung. Dostojewskis ‹Totenhaus› ist übertroffen» (Tagebuch-Eintragung vom 21. März).[146]

Robert Breuer, stellvertretender Pressechef der Reichskanzlei, warnte Herzfelde, er solle seine Publikationen einstellen oder er werde wieder festgenommen werden. Diese Warnung gelte in gleicher Weise für Grosz. Kessler jedoch sorgte dafür, daß der Bericht, den Herzfelde über die erschreckende Lage in den Gefängnissen verfaßt hatte, in die Hände von Gustav Stresemann gelangte. «Schutzhaft» wurde sogar in der liberalen «Vossischen Zeitung» veröffentlicht und Ende März an Stelle von Nummer 2 der «Pleite» als Broschüre gedruckt mit einer Titelzeichnung von Grosz,[147] die seinen Freund zwar blutend, aber zornig entschlossen darstellt.

Nach dem endgültigen Verbot der «Pleite» (Januar 1920) begann die satirische Wochenschrift «Der blutige Ernst» zu erscheinen; die ersten beiden Nummern gab John Hoexter heraus, ein Malerfreund aus dem «Café des Westens», Typographie und Layout waren von Grosz und Heartfield.

Die Zeitschrift brachte es mit Grosz und Einstein als Herausgeber bis 1920 auf sechs Nummern. Ein Werbeprospekt, der das Erscheinen ankündigte, ist – abgesehen von der neuartigen Aufmachung – der radikalen

Texte wegen interessant: «Gegen die Ausbeuter!! Gegen die bürgerlichen Ideologien!» Kessler erwähnt ein Gespräch mit Heartfield am 23. März, wonach «er und seine Freunde immer feindlicher der Kunst gegenüberstanden. Was George Grosz und Wieland machten, sei zwar Kunst, aber sozusagen nur nebenbei. Die Hauptsache sei der Puls der Zeit, die große Gemeinschaft, in der sie mitschwinge. Er lehnte dann auch jede alte Kunst, selbst wenn sie in ihrer Zeit gerade diese Eigenschaft der Modernität gehabt habe, ab. Sie wollten keine Dokumente schaffen, nichts, was Bestand habe und den Nachkommenden im Wege stehe.»[148]

Wie Bertolt Brecht glaubte Grosz nunmehr, daß nur die Auslöschung der Individualität des Künstlers, seine Unterordnung unter die Idee der sozialistischen Revolution, die Kraft hervorbringen könne, die notwendig sei zur Änderung der gesellschaftlichen Verhältnisse. Im Sommer 1920 schuf er mehrere Gemeinschaftsarbeiten zusammen mit John Heartfield sowie einige collagierte Aquarelle, die er *mechanische Konstruktionen* nannte. Diese Arbeiten tragen keine Künstlersignatur, sondern sind mit dem Aufdruck *Grosz-Heartfield mont.* beklebt oder gestempelt als *construiert, George Grosz, 1920 Construktör.*

Am 16. August 1920 schrieb er in *Statt einer Biographie: Die heutige Kunst ist abhängig von der bürgerlichen Klasse und stirbt mit ihr*. Er greift den Kunstbetrieb an mit seinem verlogenen Mäzenatentum und die falsche Idee vom Schöpfertum des einzelnen. Den Malern ruft er zu: *Eure Pinsel und Federn, die Waffen sein sollten, sind leere Strohhalme. Geht aus euren Stuben heraus, wenn es euch auch schwer wird, hebt eure individuelle Absperrung auf, laßt euch von den Ideen der arbeitenden Menschen erfassen und helft ihnen im Kampf gegen die verrottete Gesellschaft. Dies schreibe ich an Stelle der so beliebten, immer und immer wieder gewünschten biographischen Notizen. Es war mir wesentlicher, Erkenntnisfakten und allgemeingültige Forderungen aus den Erfahrungen meines Lebens zu geben, als all die dummen, äußerlichen Zufälligkeiten meines Lebens aufzuzählen, wie es sind: Geburtstag, Familientradition, Schulbesuch, erste Hose, Künstlers Erdenwallen von der Wiege bis zum Grabe, Schaffensdrang und -rausch, erster Erfolg usw. usw. Das Getute um das eigene Ich ist vollkommen belanglos*.[149] 1925 erschien der Text wieder, etwas verändert und um einige Sätze ergänzt in *Die Kunst ist in Gefahr.*

Vier Jahre später hatte Grosz seine Meinung revidiert und veröffentlichte im «Kunstblatt» seine *Jugenderinnerungen*. 1930 folgte die Fortsetzung *Lebenserinnerungen* in der Zeitschrift «Kunst und Künstler». Diese Aufsätze hat er – mit einigen Änderungen – 1946 in seiner Autobiographie verwendet.

An den Groszschen Collagen und Bildern der DADA-Zeit sind oft unmittelbare Wirklichkeitsbezüge ablesbar: Auch das 1919 entstandene Grosz-Bild *Erinnerung an Onkel August, den unglücklichen Erfinder*[150]

«Prost Noske! – Das Proletariat ist entwaffnet».
Federzeichnung für «Die Pleite», Nr. 3, 1919

hat keinen Phantasie-Titel, denn diesen Onkel August gab es wirklich. Er wird in einem Gespräch erwähnt, das Grosz mit seiner Mutter führte, als sie ihm abriet, Maler zu werden. *Onkel August hatte auch immer nur so verrückte Ideen gehabt, und was sei schließlich bei all dem herausgekommen? Rein gar nichts. Geld hatte es gekostet, anstatt etwas einzubringen, und am Ende hatte man den August noch in eine Anstalt schaffen müssen.*[151] Dieses Bild trug ursprünglich den Titel *Ein Opfer der Gesellschaft*, der in ironische Beziehung zu dem Onkel gebracht werden kann. Wieland

Herzfelde beschreibt es folgendermaßen: «Ein großes Fragezeichen liegt vor der Stirn des Mannes. Der Inhalt der Frage ist abgestorben. Sie ist verblaßt, hat sich niedergelegt und ist so zu einem gewohnheitsmäßigen Nichtbegreifen geworden, hinter dem das dumpfe Bewußtsein des Mißgeborenseins den Schädel wie ein Stein belastet... All die Entwicklungsansätze sind stecken geblieben, nur die pedantische Gewohnheit blieb übrig, sich sorgsam zuzuknöpfen – ‹zwar einfach, aber ordentlich›.»[152]

Monteur Heartfield, heute im Museum of Modern Art (New York), ist der Titel eines collagierten Aquarells, das den Freund als Sträfling in der Zelle zeigt. Statt des Herzens trägt er eine mechanische Konstruktion auf der Brust, als Fenster im Hintergrund fungiert ein Foto eines Berliner Mietshauses mit dem Aufdruck «Viel Glück im neuen Heim». Dieses Blatt ist zusammen mit *Daum heiratet* entstanden; der Untertitel ist englisch und lautet übersetzt *Daum heiratet ihren pedantischen Automaten George im Mai 1920, John Heartfield ist sehr froh darüber, metamechanische Konstruktion nach Prof. Hausmann.* Das Bild war als Entwurf einer Hochzeitskarte gedacht. Grosz heiratete Eva, eine der drei Töchter des Landvermessers Peter, am 26. Mai 1920 in der IV. Etage des Hauses Savignyplatz 5. Auf Vermittlung eines Freundes ergab sich für das Paar eine Sommerreise zu einem neuen Mäzen nach Portofino in Italien. Dr. Felix Weil hieß der Gastgeber. *Er war ein hochgewachsener junger Mann, jünger, als wir ihn uns vorgestellt hatten. Er gefiel uns auf den ersten Blick... und erzählte begeistert von der sozialwissenschaftlichen Hochschule, die er seiner Geburtsstadt Frankfurt am Main schenken wollte. Aber Lix war nicht nur ein an wirtschaftlichen und sozialen Fragen interessierter Bücherwurm... er hatte auch etwas Knabenhaftes und Verspieltes. Wir gingen zusammen schwimmen und rudern und hatten unseren Spaß daran, einander über Bord zu werfen und durchnäßte Strohkörbe, wie sie um die Chiantiflaschen geflochten sind, um die Köpfe zu schlagen.*[153] Es blieb eine Freundschaft fürs Leben. Weil hat Grosz während der Emigrationszeit über Jahre hinweg durch ein monatliches Fixum unterstützt.

Die Heirat mit Eva war für George Grosz ein entscheidender Schritt in ein bürgerliches Leben. Als Mitstudentin aus der Orlik-Klasse brachte sie viel Einfühlungsvermögen und Verständnis für seine Arbeit mit. Sie war eine glänzende Gesellschafterin, hielt aber auch Störungen von ihm fern und ermöglichte ihm ungehindertes künstlerisches Schaffen. Ein gewisses Mißtrauen brachte sie seiner Freundschaft zu den Herzfeld-Brüdern entgegen. Schon Pfingsten 1918 schrieb sie an ihren späteren Schwager Schmalhausen: «Den Umgang mit Herzfeld halte ich für durchaus schädlich für ihn. H. vergöttert ihn geradezu, tut buchstäblich alles, was er will, bestärkt ihn in seinen verwegensten Plänen und Ansichten und schmeichelt seiner Eitelkeit.»[154] Sie sah nicht die Bedeutung, die gerade Wieland Herzfelde mit seinen Publikationsmöglichkeiten durch den Malik-Verlag hatte. Er wurde der entscheidende Mann, der sowohl die Kunstsnobs als

Felix Weil.
Portofino,
1923

Wieland Herzfelde, Eva und George Grosz, Rudolf Schlichter, John Heartfield.
Berlin, 1921

Umschlag der Erstausgabe, 1921

auch das breite Publikum mit George Grosz' Zeichnungen bekanntmachte. Im Malik-Verlag erschienen acht illustrierte Bücher sowie zwölf Mappen und Sammelbände, also fast das gesamte Sammelband- und Mappenwerk von Grosz! War schon John Heartfield mit seinen soliden drucktechnischen Kenntnissen ein wichtiger Freund und Helfer gewesen, so beriet ihn Wieland bei allen Publikationen. Er gibt an, die Titel der Sammelbände *Das Gesicht der herrschenden Klasse* und *Abrechnung folgt!* vorgeschlagen zu haben; auch viele Bildtexte fand er mit Grosz gemeinsam.

Unter dem Titel *Der Kunstlump* verfaßten Grosz und Heartfield zusammen einen provokativen und aggressiven Artikel als Antwort auf den

Umschlag der Erstausgabe, 1923

öffentlichen Aufruf Oskar Kokoschkas, der Akademie-Professor in Dresden war, bei Unruhen Museumswerke nicht zu beschädigen. Der Anlaß war eine regelrechte Schlacht, die während des Kapp-Putsches im März 1920 zwischen demonstrierenden Arbeitern und Reichswehrtruppen auf dem Dresdner Postplatz nahe der Zwinger-Galerie stattgefunden hatte. Dabei war das Gemälde «Bathseba am Springbrunnen» von Rubens durch eine verirrte Kugel beschädigt worden. *Der Kunstlump* löste eine heftige Debatte über Berechtigung und Funktion von Salonkunst in der Gesellschaft aus. Der polemische Aufsatz, mit Sätzen wie *Wir begrüßen mit Freude, daß die Kugeln in Galerien und Paläste, in die Meisterbilder der Rubens sausen, statt in die Häuser der Armen in den Armenvier-*

teln,[155] artikuliert die scharfe Kritik der Autoren an der bürgerlichen Kunstauffassung und betont die unter den Berliner Dadaisten kursierende Anti-Kunst-Haltung.

Unter dem Pseudonym G. G. L. (= Gertrud Alexander) erscheint im Organ der Kommunistischen Partei «Die Rote Fahne» eine Entgegnung, in der die Frage gestellt wird, ob Grosz und Heartfield Schätze vernichten wollen, die «mit den Schweißtropfen der Arbeitenden, der Proletarier, erkauft sind?» Sie würden der Gesellschaft einen schlechten Dienst erweisen, «indem Sie zum Vandalismus öffentlich auffordern»[156]. Mit einer Antwort stellt sich Julian Gumperz, der Herausgeber des «Gegner», vor seine Autoren, wird aber von der Autorin erneut angegriffen, die Grosz und Heartfield Anarchismus vorwirft, «ein Ausweg primitivster Art, den Kapitalismus zu überwinden»[157].

Grosz' und Heartfields Aktivitäten in den ersten Nachkriegsjahren waren vielseitig. Täglich traf man sich in den Cafés und Eckkneipen, Bekanntschaften wurden hergestellt, neue Projekte durchgesprochen und ausgehandelt. Vielfach wurde Grosz aufgefordert, Zeichnungen herzugeben für Bücher, Zeitschriften und später auch für das Theater. Auftragsarbeiten haben oft für den Künstler die Schwierigkeit, daß sie rasch erledigt werden müssen, mitunter auch nach den Vorstellungen des Auftraggebers. Bei der umfangreichen Groszschen Produktion ist es verständlich, daß nicht alle Aufgaben maximale Ergebnisse brachten.

Eine hervorragende Übereinstimmung von Text und Illustration wurde in Huelsenbecks Roman vom Zusammenbruch des Dr. phil. Billig und der Kokotte Margot erreicht. Stellenweise wirken die Sätze so, als seien sie unmittelbar nach dem Anschauen neuer Zeichnungen niedergeschrieben und umgekehrt: aus der Unterhaltung mit dem Freund visualisierte Grosz die Zeitstimmung in Berlin. *Die Stadt glich einer grauen, steinernen Leiche. Die Häuser hatten Risse. Stuck und Farbe waren abgebröckelt, und in den toten, ungeputzten Augen der Fensterhöhlen sah man, wo man nach denen ausgeschaut hatte, die nie wiederkehren, die Spuren geronnener Tränen. Es waren wilde Jahre. Ich nahm am Leben teil, stürzte mich hinein ...*[158] «Doctor Billig am Ende», 1920 im Kurt Wolff Verlag erschienen, ist nicht nur als dadaistische Auflehnung gegen den Spießer zu verstehen, obwohl das in erster Linie beabsichtigt war. «Das Grauenhafte der Situation begann Billig ganz glücklich zu machen. Er fühlte die Untiefen und Kellerluken, sah Hände mit Schußwaffen sich plötzlich aus den Wänden strecken. Das Porträt fiel ihm ein, das lebende Augen bekommt und sich seine Opfer betrachtet –»[159] Obwohl während des Krieges begonnen, verlor Huelsenbecks Roman in der Zeit der Lust- und Fememorde, der Schieberorgien und des Zusammenbruchs aller Wertvorstellungen nicht an Aktualität. Im Gegenteil. Sprachbilder, wie sie der Surrealismus später unter Einbeziehung von Träumen und Psychoanalyse methodisch verwenden sollte, finden sich ansatzweise schon hier. Da

Grosz mit Dubb, Berlin 1927

wandern Hüte allein durchs Lokal und bestellen Essen, Menschen sprechen leere Kleider an, und Billig denkt: «Mein Kopf könnte plötzlich wegbrechen – ich könnte plötzlich durch meinen Nabel sehen müssen.»[160] «Als ganz grauer Mann gehst du durch Verhältnisse, die dir zweifelhaft sind, während die Professoren ruhig auf ihren Kathedern fortpauken und die Hunde nach alter Weise an den Stämmen der Laternen geheime Zwiesprache halten. Vielleicht ist dein Billett nach New York schon bestellt, und der Dampfer, Riesendampfer Red-Star-Line, feuert schon seine großen Kessel...»[161]

Da ist wieder die Amerika-Vision, und da sind auch die Hunde, die immer wieder – meist als Dackel – auf Grosz-Zeichnungen auftauchen. Grosz hatte stets einen Hund um sich. Sein Scotchterrier «Dubb» blieb in Deutschland, als er emigrierte. In Amerika hieß der Nachfolger «Punch»; er mußte 1944 wegen Tollwut getötet werden. Auf den Zeichnungen sind die Hunde mehr als nur notwendige Bestandteile der grafischen Komposition. Spannend, lauernd, kläffend oder pissend gehören sie zu Grosz' deutschen Straßenbildern und zu seinen Selbstdarstellungen.

Im Keller des Großen Schauspielhauses von Max Reinhardt wird am 8. Dezember 1919 das Kabarett «Schall und Rauch» eröffnet. Das neue Theater ist das Gebäude des Zirkus Schumann, in dem Reinhardt bereits vor dem Kriege inszeniert hatte. Texte und Gedichte für die Premiere schrieben Walter Mehring, Klabund und Kurt Tucholsky. Friedrich Holländer komponierte einige Chansons und die Musik für ein politisches Puppenspiel, das als Hauptattraktion des Abends angekündigt wurde: «Orest, einfach klassisch» von Mehring. Grosz entwarf die Marionetten, die Heartfield mit Waldemar Hecker, einem Mitglied des früheren satirischen Kabaretts «Die Elf Scharfrichter», fertigte. Aegist tritt als Präsident Ebert am Punchingball auf, und aus Orests Flucht wird die Flucht Wilhelms II. nach Holland; dazu kommen heftige Seitenhiebe gegen die am Kriege Schuldigen und die Reichswehr.

Von den Entwürfen sind nur noch wenige erhalten. Es waren die Grosz-Typen seiner Zeichnungen, plastisch, mit normalem Stoff bekleidet, die Köpfe modelliert und mit auffallenden Grün-, Rot-, Orange- und Blautönen bemalt. Die schlechte Akustik in dem tunnelförmigen Raum, einem ehemaligen Stall für die Zirkustiere, dazu Stromausfall, so daß bei Kerzenlicht gespielt werden mußte, beeinträchtigten die Wirkung der Aufführung. Ein sozialdemokratischer Kritiker schrieb: «Ein mäßiges Varietéprogramm in einem Schlemmerkeller. Talentvolle Ansätze verpufften, ohne zu zünden, vieles (darunter ein satirisches Puppenspiel) verlor sich ganz in Raum und Lärm. Herrschaften, beim besten Willen, es war nichts.»[162] Grosz und Heartfield waren mit dem Programm sehr unzufrieden. Sie verfaßten einen Protest gegen die *unfertige und entstellte Aufführung des Puppenspiels*, den einige Tageszeitungen zusammen mit den

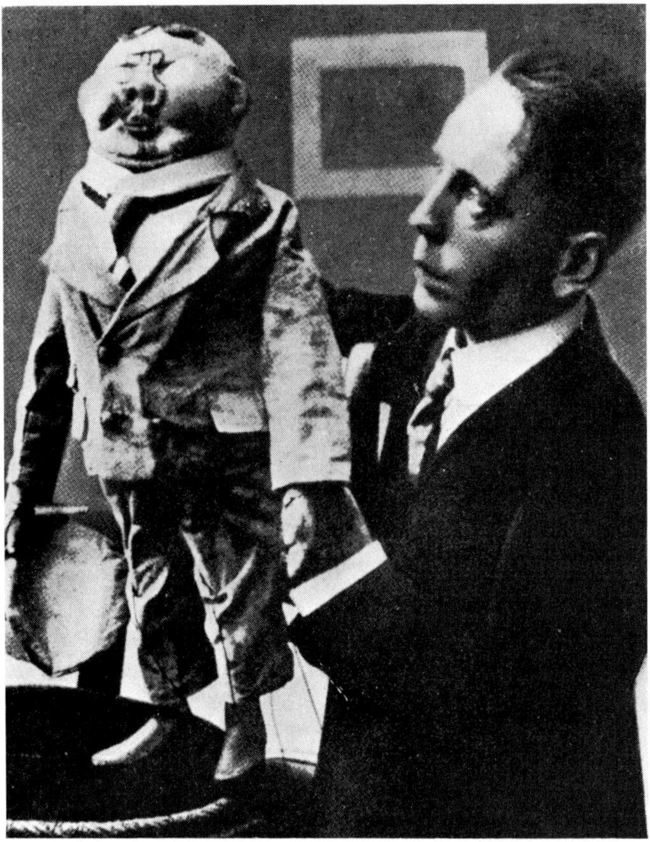

Heartfield mit der Grosz-Marionette
«Konservativer Herr», 1919

Kritiken abdruckten. Damit kündigte sich schon an, daß der Höhepunkt der DADA-Aktivitäten überschritten war; DADA sank zum bloßen Nonsens-Spaß ab, zur unverbindlichen Unterhaltung.

Nun folgte – nach der ersten Einzelausstellung von Grosz in der Galerie Goltz in München – die «Erste Internationale DADA-Messe», die im Sommer 1920 gleichzeitig den Höhepunkt und das Ende von DADA-Berlin markierte. Die Verkaufsausstellung, die in der Kunsthandlung des befreundeten Spezialisten für Chinesisches Porzellan, Otto Burchard, stattfand, zeigte 174 «dadaistische Erzeugnisse». Veranstalter waren Marschall G. Grosz, Dadasoph Raoul Hausmann und Monteurdada John

Heartfield. Sie zeigten hauptsächlich ihre eigenen Arbeiten, waren aber bestrebt, die Internationalität des Berliner Dadaismus zu betonen, und präsentierten auch Schlüsselwerke von Max Ernst, Hans Arp, Otto Dix, Francis Picabia und anderen. Die Hängung war äußerst unkonventionell, einige Werke wurden eigens für die Messe geschaffen und danach weggeworfen. Viele Schriftplakate verkündeten dadaistische Schlagzeilen, so «DADA ist politisch» oder «DADA kann Jeder». Hausmann beschreibt aus seinen Erinnerungen: «DADA mußte unverdaulich bleiben... Bei diesem letzten Aufflackern konnte man Fotomontagen, Assemblagen und Plakate sehen, die Alles übertrafen, was man bisher gesehen hatte. Man zeigte alle nur möglichen Kühnheiten in Material, Auffassung, Erfindung, die heute noch nicht von NeoDADA oder Popart übertroffen sind – aber das Publikum machte nicht mit, keiner wollte mehr DADA sehen... DADA war tot, ohne Ruhm noch Staatsbegräbnis. Einfach tot. Die DADAisten fanden sich im Privatleben.»[163]

Hausmanns Resümee der DADA-Messe ist die subjektive Aussage eines Enttäuschten. Außerdem mochte Hausmann Grosz nicht, so wie umgekehrt Grosz sich später von seiner DADA-Zeit deutlich distanzierte. Tucholsky fand, DADA sei Krampf; er nahm aber Grosz aus. «Dieser eine, um den sich der Besuch lohnt, ist George Grosz, ein ganzer Kerl und ein Bursche voll unendlicher Bissigkeit... Seine Mappe *Gott mit uns* sollte auf keinem gut bürgerlichen Familientisch fehlen – seine Fratzen der Majore und Sergeanten sind infernalischer Wirklichkeitsspuk. Er allein ist Sturm und Drang, Randal, Hohn und – wie selten –: Revolution.»[164] Ein anonymer Besucher der DADA-Messe schrieb in der «Deutschen Tageszeitung»: «Als ich in die freie Luft trete, habe ich die Empfindung, daß ein gewisser Teil Menschen zu viel in Deutschland ist, daß Deutschland sich ihrer entledigen muß, will es nicht zugrundegehen... Es liegt System darin, das deutsche Gemüt, das deutsche Herz und die deutsche Seele mit Gewalt zu vergiften.»[165]

Die zwanziger Jahre und die Prozesse

Die Präsentation der Mappe *Gott mit uns*, die auf der DADA-Messe eingesehen werden konnte, führte wegen Beleidigung der Reichswehr im April 1921 zum ersten Prozeß gegen Grosz und seine Freunde. Vorher waren am 15. Oktober Abgesandte des Polizeipräsidiums im Malik-Verlag erschienen, die auf Ersuchen der Oberstaatsanwaltschaft die Grosz-Mappen beschlagnahmten. Ferner nahmen sie sieben Originalzeichnungen von Grosz mit, «wozu sie keinen schriftlichen Auftrag hatten, sie erklärten, diesen Rechtsbruch persönlich verantworten zu wollen (das ist eine preußische Redensart), und hinterließen eine handschriftliche Quittung mit der Zahl 1707»[166]. Vom Verhalten der Angeklagten, mit Ausnahme Herzfeldes, zeigte sich Tucholsky enttäuscht. «Was Grosz angeht, so weiß ich nicht, ob die Schlappheit seiner Verteidigung darauf zurückzuführen ist, daß er nicht sprechen kann. Er sagte kein Wort, das auch nur einem Strich seiner Blätter adäquat gewesen wäre.»[167] Dank der Fürsprache des Reichskunstwarts Edwin Redslob sowie des Direktors der Städtischen Sammlungen in Dresden, Paul Schmidt, kam Grosz glimpflich davon und wurde bloß zu einer Geldbuße von RM 300 verurteilt.

Die Rechtsstehenden nahmen Grosz als Gegner ernst. Wer seine Blätter *Ich dien* (Blatt 3 von *Gott mit uns*, 1919), *Prost Noske! – Das Proletariat ist entwaffnet* (Titelblatt «Die Pleite» 1919), *Der weiße General* («Die Pleite» 1923) oder seine Hitler-Karikatur, Hitler mit tätowiertem Hakenkreuz auf dem Arm, im Bärenfell als Heil-Siegfried («Die Pleite» Nr. 8, November 1923), anschaut, der weiß, weshalb. «Angeprangerte am Schandpfahl»[168] nannte Günther Anders alle, die Grosz scharf und schonungslos gezeichnet hatte.

Von Schlägertypen wurde er auf der Straße mit der Bemerkung angehalten: «Eines Tages werden wir dich ordentlich zusammenschlagen. Du hörst von uns.» Grosz trainierte sich in Boxen und Jiu-Jitsu. Er verkörperte das «romantische Bild eines amerikanischen Gangsters»[169]. *Die meisten Künstler beschweren sich darüber, daß man sie übersieht: In Deutschland erregte meine Kunst so viel Aufmerksamkeit, daß ich einen Leibwächter brauchte. Er hieß Max. Einmal im Monat fütterte ich ihn mit Steaks… Wenn ich zu einer öffentlichen Versammlung ging, reichte ein*

Bewacher nicht aus.[170] Dann ging er gewöhnlich inmitten einer Gruppe von Freunden. Ein Offizier soll zweimal versucht haben, ihn zu erstechen. Als ein Reichswehrangehöriger ihn 1920 in einem Restaurant erschießen wollte, traf er einen Kellner. Grosz wurde nach dem Attentat unter Polizeischutz zum Revier gebracht.

In Berlin zeigten sich die linken Intellektuellen und Künstler sehr interessiert an der Entwicklung des neuen revolutionären Rußland. Sie waren auch äußerst betroffen von der dort herrschenden großen Hungersnot. In einem «Appell an die Arbeiter der Welt» bat Lenin im August 1921 um Unterstützung. Willi Münzenberg, als Freund Lenins aus der Zeit des gemeinsamen Schweizer Exils, übernahm 1921 die Aufgabe, die verschiedenen Hilfsaktionen in Berlin zu koordinieren. Im Rahmen der Internationalen Arbeiterhilfe (IAH) bildete sich ein «Komitee Künstlerhilfe», dem neben Erwin Piscator, Otto Nagel und Käthe Kollwitz auch George Grosz angehörte. Im Malik-Verlag erschienen 1921 drei vom «Auslandskomitee zur Organisierung für die Hungernden in Rußland» herausgegebene Broschüren. «Helft! Rußland in Not!» enthielt Illustrationen von Grosz. Im Rahmen dieses Hilfsprogramms wurden Ausstellungen, Lesungen und Theateraufführungen organisiert. Die Künstler spendeten den Verkaufserlös ihrer Zeichnungen zugunsten der Hungerhilfe.

Eröffnung der DADA-Messe in der Kunsthandlung Burchard.
Stehend, zweiter von rechts: Grosz

In diesem Zusammenhang hatte der dänische Schriftsteller Martin Andersen-Nexø unter dem Titel «Passagiere der leeren Plätze» Erzählungen und Parabeln über das Proletariat veröffentlicht, die von George Grosz illustriert worden waren. Im Sommer 1922 fuhr Grosz nach Dänemark, um sich wegen eines weiteren Buchprojekts mit Nexø zu treffen. *Er sollte ein Buch über Rußland schreiben, ich Zeichnungen dazu machen. Wir beiden paßten gar nicht zusammen, und es war nicht nur der Altersunterschied, der uns später trennte.*[171] Die Rußlandreise der gegensätzlichen Gefährten war indessen von einer Reihe von Schwierigkeiten begleitet, die ihren Höhepunkt erreichten, als das Schiff, das sie abholen sollte, nicht kam. Sie reisten schließlich illegal mit einem Fischerboot, das eigentlich mit Heu zu einem finnischen Kloster unterwegs war. Sie wählten die alte Route, die die *braven revolutionären Kämpfer und geheimen Emissäre*[172] vor der Oktoberrevolution gefahren waren. Wieland Herzfelde gibt an, sie seien aus Anlaß des fünften Jahrestags der Oktoberrevolution eingeladen worden.[173] Das Unternehmen soll wiederum von Münzenberg geplant und finanziert worden sein. Grosz selbst bezeichnete die Fahrt als Vergnügungsreise.

In Murmansk an Land gesetzt, wurden sie kühl empfangen und als vermeintliche Spione festgehalten. Grosz hatte den Eindruck, daß Chaos und Hunger vorherrschten. Als das Mißtrauen der Kommissare überwunden war, durften sie nach Petrograd weiterfahren, um an der Planung einer internationalen Zeitschrift, die in Berlin und Paris erscheinen sollte, teilzunehmen. *Das ganze Superkolossalprojekt...* war *ein Potemkinsches Dorf, Wortkulisse und Rederei, wahrscheinlich nur ein Mittel, uns abzulenken und zu beschäftigen.*[174]

Grosz wurde mit anderen, sorgfältig überprüften Besuchern in einem Kremlsaal Lenin vorgestellt. Während er in seiner Autobiographie die Szene herunterspielt: *... es haftete seiner Erscheinung nichts Bedeutendes an*[175], hat er in Gesprächen mit Freunden, die ihn später nach Lenin fragten, einen abfälligen Vergleich gebraucht: *Es war einmal in Stolp, in Hinterpommern, ein kleiner Apotheker, ein gewisser Voelzke... gepflegtes Kinnbärtchen... Bratenrock... stramme Haltung des aufrechten Spießers – ungefähr so...! Der hatte Allheilmittelchen gegen Alles... Lenin!!!... Ganz kleiner Apotheker! –*[176] Aus diesen Äußerungen spricht die große Enttäuschung, die die Rußlandreise für Grosz gebracht hat. Er behauptet zwar: *Ich war nicht enttäuscht, aber auch nicht gerade erfreut über all das, was ich gesehen hatte. Den Splitter, der damals in meinen Augen saß, und mit dem ich die westlichen kapitalistischen Länder sah, diesen Splitter wurde ich auch in Rußland nicht los. Es war kein Land für mich und meine Art, das fühlte ich deutlich.*[177] Um alte Freunde nicht zu verärgern, ließ er das Rußland-Kapitel in der ersten Ausgabe seiner Autobiographie weg. Er wartete bis 1953, veröffentlichte es dann im «Monat» und nahm es schließlich 1955 in die deutsche Buchausgabe auf. Grosz erwähnt dabei

Grosz und Heartfield beim Boxtraining. Im Hintergrund Piscator und Herzfelde.
Berlin, um 1924

einen Zwischenfall nicht, der ihn sehr gekränkt hat: 1921 war ein produktives Schaffensjahr für ihn gewesen. Er hatte einen festen, klaren Zeichenstil erreicht, der als bewußte Tendenzkunst im kommunistischen Sinne bezeichnet werden kann. Die Zeichnungen für die Sammelbände *Das Gesicht der herrschenden Klasse* und *Abrechnung folgt!* waren entstanden, und er hatte über die russische Botschaft in Berlin 100 Blätter Grafik nach Rußland gesandt. Die Zeichnungen wurden 1921 teils zum winterlichen Verkleben der Fenster verwendet. Andere sind aus dem Historischen Museum Moskau, wo 1924 die von Otto Nagel organisierte «Erste allgemeine deutsche Kunstausstellung» stattfand, später in das Revolutionsmuseum und in das Puschkin-Museum gekommen.[178]

Von der sechsmonatigen Rußlandreise war Grosz auch körperlich krank zurückgekehrt. Er hatte sich durch verdorbenen Fisch eine Vergiftung zugezogen, die sich unter anderem durch Ödeme im Gesicht zeigte. Zurück in Berlin behandelte ihn Gottfried Benn mit Kalkspritzen. Grosz vertrug jedoch diese Kur nicht, fiel mehrfach um, und so mußte Benn damit aufhören. Überhaupt waren Benns Sympathien für Eva Grosz größer als seine freundschaftlichen Beziehungen zu Grosz und dessen Kunst. Als Ausdruck der Zuneigung pflegte er Frau Eva Schüsseln mit frischen Erdbeeren zu schicken. Benn brachte es aber auch fertig, sich auf der Türschwelle umzudrehen und wieder zu gehen, wenn er, eingeladen zu einer Abendgesellschaft, nicht den Gesprächskreis vorfand, den er erwartet hatte.[179]

Grosz selbst fühlte, daß er kein Mann war, der sich auf Dauer einer Parteidoktrin unterordnen konnte. Auf eine seiner Visitenkarten ließ er die Bemerkung drucken: *Wie denke ich morgen?* Er war dabei im Grunde der alte Spartakisten-Sympathisant geblieben, der nihilistisch-anarchistische Provokateur der Antikriegsbewegung. *Ich weiß, es gibt kaum ein Entkommen – ja – nicht von dem eigenen Dämon – und das ist alles – die Marxisten sind eben dogmatisch und mögen mich nicht, weil ich ihnen nicht die geliebten «preiswerten» Götter und Teufel mache – (ich kann es einfach nicht) . . .*[180]

Er war an einem entscheidenden Punkt angekommen. Ihm war klar geworden, daß er niemals die Vision des befreiten, glücklichen Arbeiters würde gestalten können. Damit änderte sich nichts an seinem Haß gegen Spießer und Militaristen. Er erklärte auch nicht spektakulär seinen Austritt aus der Kommunistischen Partei, sondern hörte 1923 einfach auf, Mitgliedsbeiträge zu zahlen. Seine Mitarbeit an der satirischen kommunistischen Wochenschrift «Der Knüppel», die er zusammen mit Heartfield herausgab, setzte er fort, ebenso die Publikationen im Malik-Verlag.

Als er 1921 in das Haus Hohenzollerndamm 201 umzog, behielt er die alte Wohnung im Hinterhaus zum Arbeiten. Auffällig war die starke Trennung zwischen privatem Bereich und Atelier. In der Wohnung hingen nie seine härtesten Bilder; dafür konnte man an den Wänden kolorierte englische Stiche des 18. und frühen 19. Jahrhunderts von George Cruikshank und William Hogarth sehen, eine Postkutschenszene von Thomas Rowlandson und fernöstliche Farbholzschnitte. Besonders liebte er *die seltenen japanischen Originalzeichnungen, die Licht und Ton in der Linie hatten*[181]. Während seiner Hauptschaffensperiode war Grosz nicht an Landschaften interessiert. Ihn beschäftigten Porträts und Kompositionen, die Menschen in dramatischen Beziehungen zueinander zeigen, mit einer überdeutlichen Darstellung ihrer individuellen und sozialen Charakteristika.

1922 zeichnete Grosz für die Mappe *Die Räuber* ein abgemagertes Kind vor dem gedeckten Tisch eines fetten Kapitalisten, der einen Geldberg festhält; dazu das Schiller-Zitat: «Schwimme, wer schwimmen kann, und wer zu schwach ist, gehe unter.» Die Zeichnung wurde 1923 in *Abrechnung folgt!* erneut publiziert, auch die Darstellung eines mit Weihnachtspaketen beladenen Spießers, der an einem Kriegskrüppel vorbeigeht. Der Bildtext: *Vorsicht, nicht stolpern!*

Während die Linken an seinen Darstellungen die agitatorische Sprengkraft schätzten, sagte er von sich, daß er beides sei: *Ich war nicht nur der Mann, der im Restaurant saß und sagen wir mal – eine Flasche bestellt: – «Ober! Eine Flasche deutschen Kellermann* (schreit mit schneidender Stimme): *aber geeist, nicht gekühlt!» ... Aber im Augenblick nachher – wenn wir rauskamen, das war die Inflationszeit – auch der Mann* (leicht stotternd): *«Darf ich vielleicht dem Herrn – irgend – äh, bitte – 'n kleenes – wieso? Ick mache jetzt det Auto hier uff. Die gnädige Frau möchte ooch gleich reingehn!» – Ich war auch gleichzeitig dieser merkwürdige Mann, der den Schirm aufhielt. In Berlin regnete es damals sehr viel.* Grosz vertrat die Meinung, daß ein Satiriker eine Art Verwandlungskünstler sein müsse.[182]

1923 brachte der Malik-Verlag einen Auswahlband von Arbeiten mit dem Titel *Ecce Homo* heraus, unumstritten ein Höhepunkt seines Lebenswerkes. Mit sechzehn Aquarellen und 84 Zeichnungen zeigte Grosz in *Ecce Homo* die Auswüchse der Inflationszeit. War DADA noch als Ulk abgetan worden, so wurde Grosz diesmal angeklagt, die öffentliche Moral verletzt zu haben und die inneren Werte des deutschen Volkes in den Schmutz zu ziehen. Die Mappe wurde als «pornographisches Machwerk» beschlagnahmt. Am 16. Februar 1924 fand vor dem Berliner Landgericht III unter Vorsitz von Landgerichtsdirektor Ohnesorge die Verhandlung statt.

Vorsitzender: «Wenn ich Sie recht verstehe, dann wollen Sie das, was Sie im Leben sehen und dabei empfinden, in sozialkritischer Weise darstellen.»

Grosz: *Jawohl.*

Vorsitzender: «... Es werden ja immer viele schlimme Dinge in der Welt passieren, das ist keine Frage. Das wissen die erwachsenen Men-

«Germanentag». Federzeichnung, 1921. Aus «Ecce Homo»

schen sehr wohl. Sogar, daß vielleicht noch ganz andere Dinge passieren, als hier dargestellt werden. Es fragt sich nur, woher leiten Sie die künstlerische Berechtigung ab, derartige Sachen so unverhüllt darzustellen? Sie werden doch auch anerkennen, daß sich der Künstler eine bestimmte Grenze selbst setzen muß. Wenn er für sich etwas zu Hause schaffen muß – schön, mag er es tun, wenn er aber an die Öffentlichkeit tritt, so muß er doch bedenken, daß dort gewisse Schranken bestehen; ich meine, daß ein gewisser Takt doch eingehalten werden muß, wo man sagt: weiter darf ich hier nicht gehen. Für private Zwecke – schön! Aber da Sie sich doch, wie Sie sagen, an ein großes Publikum wenden wollen, um ihm einen Sittenspiegel zu zeigen, so sind doch bestimmte Grenzen innezuhalten. Tatsächlich werden übrigens auch derartige Szenen sich doch ziemlich selten abspielen... ist hier nicht die Grenze, die der Kunst gesetzt ist, überschritten, oder hat sie dieses Gebiet schon verlassen und ein anderes betreten, das nicht mehr künstlerisch ist?»

Grosz: *Für den Künstler gibt es diese Grenze gar nicht. Ich kann deshalb schwer dazu etwas sagen.*

Vorsitzender: «Das glaube ich Ihnen schon, das mag sein, wenn Sie für sich zeichnen, schön; aber Sie wollen doch gesehen werden, wirken. Glauben Sie, daß Sie alles rücksichtslos darstellen können?»

Grosz: *Das glaube ich wohl.*

Ein Beisitzer (zu den beiden anderen Angeklagten, Herzfelde und Gumperz): «Sie dürfen sich nicht unterhalten, die beiden da!»

Vorsitzender: «Bild 42 ‹Rudi S.› – nun sagen Sie mal! Das ist doch etwas, was man als besonders kraß und abstoßend empfinden muß. Es soll hier dargestellt werden die ganze Perversität, auf die irgendein Mensch verfallen kann, aber in jeder Beziehung.»[183]

Grosz: *Ich habe das auch ganz kraß zum Ausdruck gebracht. Es werden doch in hundert Gerichtsverhandlungen alle diese Dinge gesagt. Warum soll ein Zeichner...*

Vorsitzender: «Ja, das ist eine Frage, über die sich das Gericht schlüssig machen muß. Wenn derartige Sachen ins einzelne zur Verhandlung kommen, dann wird die Öffentlichkeit ausgeschlossen. Wir würden auch hier die Öffentlichkeit ausschließen, wenn im Publikum diese Bilder vorliegen würden. Zunächst verläuft diese Verhandlung hier noch so, daß man eine Grenze ziehen kann. Aber Sie werden doch zugeben, daß, wenn eine derartige Sache in allen Einzelheiten und mit den Bildern zur Verhandlung käme, die Öffentlichkeit ausgeschlossen würde. Bisher wird hier dem großen Publikum ja nichts mit rücksichtsloser Nacktheit vorgeführt. Wozu sollen nun alle diese Sachen, gewisse Unarten usw.? Ich möchte mal eine Erklärung haben, warum soll, was im Leben wirklich vorkommt, nochmals reproduziert werden, sei es auf der Bühne, sei es im Bilde? Warum? Ich meine, vom künstlerischen Standpunkt aus läßt sich selbstverständlich sagen, daß die Kunst auch solche Sachen behandeln soll. Aber doch mit bestimmten Grenzen... Ich meine, wo beginnt das Künstlerische in dem Bild gegenüber dem Unanständigen, Anstößigen, das Schamgefühl Verletzenden? Und wo ist etwas, wo man sich sagen kann: nein, hier ist doch Kunst, die überwiegt. Herr Grosz, darüber hätte ich gern eine Aufklärung von Ihnen.»

Grosz: *Ich muß sagen, daß ich persönlich das nicht entscheiden kann. Ich halte das für Kunst.*

Vorsitzender: «Sie haben die subjektive Auffassung: für Sie ist das eben Kunst, und in dieser Weise wünschen Sie auch Ihr Werk beurteilt zu sehen?»

Grosz: *Ja.*

Vorsitzender: «... Soll das besonders Spießige oder Kahle, Nackte,

Trübe dargestellt werden? Auch hier liegt doch kein Anlaß vor, nun das Geschlechtliche zu betonen durch die Darstellung der Geschlechtsteile.»

Grosz: *Darauf kann ich so schnell nicht antworten. Jedenfalls steht meine ganze Weltauffassung sehr im Gegensatz zu der des Herrn Staatsanwaltes, sie ist wesentlich negativer und skeptischer. Ich sehe die Dinge so, wie ich sie dargestellt habe. Wenn ich mir den größten Teil der Menschheit ansehe, so sehe ich keine Schönheiten oder lieblichen Gebilde. So geht es mir auch bei den Frauen und bei den Familienszenen. Für mich ist der Mensch…*

Vorsitzender (unterbrechend): «Ich bin nicht der Herr Staatsanwalt. Sicherlich hat der Gerichtshof auch kraft seines Berufes eine ganze Menge abstoßender Dinge gesehen. Daraus entsteht aber doch nicht das Recht, solche Dinge vorzuführen.»

Grosz: *Ich bin noch nicht so geläutert. Ich bin noch im Entwicklungsprozeß, in dem ich die Dinge so sehe, wie ich sie sehe. – … Im Zusammenhange dieses ganzen Werkes kann ich sagen: «Seht welche Menschen!»*

Vorsitzender: «Sie wissen ja, daß das Wort eine ganz besondere Bedeutung hat?»

Grosz: *Ein Moralist, wie ich, kann schließlich kein besseres Wort wählen als dieses «Ecce Homo»! Denn Christus ist die Verkörperung des Menschen und das Gegenteil von dem, was hier dargestellt wird.*

Vorsitzender: «Sie wollen sagen, was aus dem Idealbild, das Sie in

Herzfelde und Grosz im Gotteslästerungsprozeß am 3./4. Dezember 1930.
Im Hintergrund ihr Anwalt Dr. Alfred Apfel

Christus sehen, geworden ist. Sie wollen durch den Vergleich zeigen, was aus dieser Menschheit geworden ist?»

Grosz: *Jawohl.*

Vorsitzender: «Ja, hier ist nun ein typischer Verbrecher, darüber eine weibliche Person, ein junger Gent. Wie soll das gedacht sein? Soll der Verbrecher hier unten lauern und da irgendwie ...»

Grosz: *Das ist visionär.*

Vorsitzender: «Also ohne innere Beziehungen der einzelnen Personen zueinander?»

Grosz: *Die eigentliche Beziehung dieser drei Personen untereinander ist vielleicht nur geschlechtlicher Art.*

...

Vorsitzender: «Sind Ihnen, Herr Grosz, hinterher doch Gedanken gekommen, daß man auch anders über Ihr Werk urteilen könnte, als Sie bis dahin geurteilt haben? Daß die Grenzen, die der Kunst gezogen sind, von Ihnen im allgemeinen doch überschritten worden sind?»

Grosz: *Nein, nein!*

Vorsitzender (fortfahrend): «Daß der Künstler nicht für sich allein lebt, sondern in einer Gemeinschaft, und daß, wenn er für die Gemeinschaft schafft, ihm gewisse Grenzen gezogen sind, innerhalb der Bande, die die Gemeinschaft der Menschen erforderlich macht? Daß die sittlichen Zusammenhalte nicht zerstört werden dürfen und nicht zerstört werden sollen, auch vom Künstler nicht?»

Grosz: *Selbst durch die Darstellung der häßlichsten Dinge, die in diesem Werke sind und von denen angenommen werden könnte, daß sie einen Teil von Menschen befremden, wird nach meiner Meinung eine große erzieherische Arbeit geleistet, und gerade durch diese... Es sind dies alles ganz bestimmte moralische Tendenzen... und deswegen stehe ich nach wie vor auf dem Standpunkt, daß nur eine...ich meine...* (stockt). *Ich nehme da nichts zurück.*

Vorsitzender: «Sie bleiben auch bezüglich der Bilder, die Ihnen besonders vorgehalten worden sind, bei Ihrer Auffassung?»

Grosz: *Ja.*[184]

Das Urteil lautete: 24 der 100 Druckplatten sind zu konfiszieren. Grosz wurde zu einer Geldstrafe von 6000 Mark verurteilt. Dieser Prozeß trug viel dazu bei, daß Grosz einem breiten Publikum bekannt wurde.

Hans Goltz war seit der ersten Einzelausstellung 1920 in München sein Händler. Nun nahm ihn Flechtheim unter Vertrag. *Alfred Flechtheim war mein Kunsthändler und gleichzeitig mein Freund. So ein Verhältnis ist vollkommen unnatürlich, aber wie manchmal bei Hund und Katze machte in unserem Fall die Natur eine Ausnahme.*[185] «Flechtheim, in Deutschland einer der bedeutendsten Kunsthändler der Moderne, war unter den ersten gewesen, die dort die zeitgenössische französische Malerei ausstellten und durchsetzten», sagte Frans Masereel über ihn. «Er war ein sehr

Frans Masereel, Eva und George Grosz, Pauline Masereel. Messefoto. Paris um 1923

interessanter Mann, der nicht nur mit Gemälden handelte und Leiter von zwei Kunstgalerien, einer in Berlin und einer in Düsseldorf, war, sondern auch Verleger einer modernen illustrierten Literatur- und Kunstzeitschrift, ‹Der Querschnitt›... Er unterstützte die moderne Kunst wirksam... was George Grosz angeht, so hat er, wenn man auch nicht sagen kann, daß er ihm zu großem Verdienst verholfen hat, doch viel zu seinem Erfolg beigetragen. Da er Jude war, mußte er zu Beginn des Hitlerregimes das Exil wählen und ließ sich in England nieder. Sein Geschick verlief dort tragisch, denn seine Frau beging Selbstmord, und er wurde das Opfer eines Unfalls, als dessen Folge man ihm das Bein amputieren mußte, woran er schließlich elendig starb.»[186] Der Flame Frans Masereel und George Grosz fühlten sich durch viele Gemeinsamkeiten verbunden. Das Erlebnis des Krieges hatte beide zu Marxisten und Gegnern der herrschenden Gesellschaftsordnung werden lassen. Beiden war es gegeben, ihre stärksten Aussagen in Schwarz-Weiß zu machen. Masereel arbeitete mit dem Tuschpinsel oder mit dem Holzschneidemesser, Grosz mit Pinsel und Feder. Die Holzschnittfolgen Masereels kreisen um die gleichen Themen, die Grosz beschäftigen: Unterdrückung der Arbeitenden, Wohlleben einzelner auf Kosten des Volkes, die Großstadt als Hölle des Men-

Grosz im Café DE LA PLAGE in Boulogne-sur-Mer

schen. «Die moderne kapitalistische Stadt ist ein Lieblingsthema von Grosz», stellt Uschakow fest. «Sie betäubt den Menschen mit der ihm feindlichen Technik, dem ihn überfordernden Lebensrhythmus, der Unmenge von Sensationen, der Heimlichkeit der Verbrechen und der Ungeheuerlichkeit der Gerüchte.»[187]

Nachdem sie sich in Berlin kennengelernt hatten, verkehrten Grosz und Masereel freundschaftlich miteinander. «Zweimal im Jahr kam er [Grosz] nach Paris, mich aufzusuchen, und ich erwiderte von Zeit zu Zeit seine Besuche in Berlin. In Paris besuchte er ebenfalls regelmäßig Pierre Mac Orlan; wir fühlten uns alle drei in gleichem Maße von Häfen, Akkordeonspielern und Matrosen angezogen.»[188] 1926 erschien in Paris Mac Orlans Buch «Port d'Eaux-Mortes», zu dem Grosz acht Original-Lithographien beisteuerte. Die Frankreichreisen versetzten Grosz stets in eine heitere, lebensbejahende Stimmung. Er zeichnete Bars, Tabakläden, Zirkusszenen und führte in Öl kleinformatige Stilleben und Landschaften aus. Das Nachtleben von Paris-Montparnasse berührte Grosz mit einer gewissen Melancholie, weil er schon die Zeit des Hakenkreuzes heraufkommen sah. Es erinnerte ihn an den *Totentanz einer Schmetterlingswelt... Die Getränke schimmerten so süß und bunt, die Frauen ro-*

chen wie aufgeblühte oder schon verwesende Blumen.[189] An seinen Schwager schrieb er am 27. Mai 1927 aus Südfrankreich: *Mein Plan (mit Flechtheims Spekulation natürlich) ist der: hier eine Serie «verkäuflicher» Landschaften zu malen – d. h. so, daß das anstößige Sujet ausschaltet. Verkaufe ich, werde ich im Winter dann an große Lieblingsbilder herangehen à la «Sonnenfinsternis» oder «Stützen der Gesellschaft» und derlei. Courbet tat dies auch einmal, er malte den Genfer See für Zahlungsfähige diverse Male.*[190]

Seit Grosz Bilder an Flechtheims Galerie verkaufte, hatte er zwei nur schwer miteinander zu vereinbarende Richtungen eingeschlagen. Als Satiriker zeichnete er weiter für kommunistische Publikationen. Andererseits sah er die Einnahmen aus den französischen «Öl-Reisebildern» als materielle Voraussetzung an, um moderne Historienbilder zu schaffen. Indem er sich mit Courbet verglich, versuchte er, seine Zugeständnisse an den Kunsthandel zu rechtfertigen.

Auf seinem 1926 gemalten Bild *Sonnenfinsternis* (s. Abb. S. 91) verdeckt der Dollar die Sonne: eine Vorausahnung der Weltwirtschaftskrise. Das Kapital flüstert einem alten General, der die Züge Hindenburgs trägt, die Stichworte zu. Um den Tisch versammelt sitzen Figuren ohne Köpfe als willenlose Befehlsempfänger der Macht. Gefangenschaft und Tod belauern den blindgläubigen, papierfressenden Esel, den ein Seil in den Abgrund ziehen kann. Es ist eine der überzeugendsten politischen Allegorien, die Grosz aus seiner Sicht von Zeit und Gesellschaft geschaffen hat. Heute hängt es im Heckscher Museum in Huntington, Grosz' späterem amerikanischen Wohnsitz. Leider wurde das Bild gestohlen, beschädigt zurückgegeben und bisher nur unbefriedigend restauriert. Das von ihm noch erwähnte, ebenfalls 1926 entstandene Gemälde *Stützen der Gesellschaft* befindet sich in der Berliner Nationalgalerie. Wie ein Altarbild, an dem die Seitenflügel fehlen, konzentriert sich die Komposition auf eine puppenartige Darstellung der reaktionären Machtfiguren des Weimarer Staates, die er bereits sehr ähnlich in der Zeichnung *Wir treten zum Beten vor Gott den Gerechten* (1920) typisiert hatte.

Grosz notierte buchhalterisch genau Lieferungen und Preise an den Kunsthandel. Die höchste Forderung, die sein Hauptbuch enthält, waren für *Stützen der Gesellschaft* 8000 Mark; die Galerie gab es jedoch unverkauft an ihn zurück. Von 1924 bis 1931 verkauften seine Händler Goltz, Flechtheim und Nierendorf die Aquarelle für 300 bis 500 Mark, Zeichnungen für 50 bis 300 und Lithographien für 20 bis 60 Mark. Der durchschnittliche Monatsverdienst durch die Verkäufe Flechtheims betrug 800 Mark. Hinzu kamen die Buchillustrationen und Zeichnungen für verschiedene Verlage und Zeitungen, die nicht registriert wurden, so daß Grosz zwar ein schwankendes, für die damalige Zeit jedoch beträchtliches Einkommen hatte.

Im Sommer 1925 zeigte der Direktor der Städtischen Kunsthalle Mannheim, Gustav F. Hartlaub, der Öffentlichkeit eine Ausstellung, die er «Die Neue Sachlichkeit» nannte. Durch eine Zusammenfassung mehrerer stilistischer Tendenzen in der zeitgenössischen Kunst, die mit der Bezeichnung «Realismus» allein nicht treffend genug zu umreißen war, wollte er deutlich machen, daß die expressionistische Bewegung überlebt sei. In einem Rundschreiben, das der Ausstellung am 18. Mai 1923 vorausging, hieß es: «Es liegt mir daran, repräsentative Werke derjenigen Künstler zu vereinigen, die in den letzten 10 Jahren weder impressionistisch aufgelöst, noch expressionistisch abstrakt, weder rein sinnenhaft äußerlich, noch rein konstruktiv innerlich gewesen sind. Diejenigen

«Bar du Dingo», 1925. Aquarell

«Sonnenfinsternis», 1926. Öl auf Leinwand. Heckscher Museum, Huntington, N. Y.

Künstler möchte ich zeigen, die der positiven greifbaren Wirklichkeit mit einem bekennerischen Zuge treu geblieben oder wieder treu geworden sind... In Betracht kommen sowohl der ‹rechte› Flügel (Neuklassizisten...) als auch der linke ‹veristische› Flügel, dem ein Beckmann, Grosz, Dix, Dexel, Scholz etc. zugezählt werden können.»[191]

Die neue Strömung entsprach außerdem der veränderten Wirtschaftslage. Die Inflation hatte mit einer Stabilisierung der Mark geendet, und die hatte Deutschland zu einem Land gemacht, das zumindest den Anschein zunehmender Gesundung erweckte. Die verständliche Sehnsucht der Menschen nach Ruhe und gesicherten Lebensbedingungen wurde überall deutlich. Grosz wandte sich nun in vielen seiner Arbeiten von der direkten politischen und sozialen Anklage ab und widmete sich anderen Themen. Ein treffendes Beispiel hierfür ist sein Selbstbildnis als pfeiferauchender Bürger vor der Staffelei, mit dem Hund auf dem Schoß. Graf Kessler traf Grosz im neuen Klub (Gesellschaft für Politik, Wissenschaft und Kunst) bei Nierendorf am Lützowplatz. «George Grosz sagte, er habe sich erst seit kurzem wieder der Malerei zugewendet, nachdem er in den letzten Jahren fast nur gezeichnet habe. Sein erstes malerisches Experiment sei das Porträt von Herrmann-Neiße gewesen, das daher auch etwas trocken geraten sei. Er hoffe allmählich mehr hineinzukommen.»[192] Max Herrmann-Neiße, Lyriker und bekannter Theater- und Literaturkritiker in Berlin, war ein enger Freund. Grosz malte und zeichnete ihn oft. Das Gemälde des Literaten gilt als Ikone der Neuen Sachlichkeit. 1937 als «entartet» beschlagnahmt, überstand das Bild in Berlin den Zweiten Weltkrieg und wurde 1951 von der Mannheimer Kunsthalle zurückerworben.

Im Auftrage Flechtheims, der ein Förderer des Boxsports war, malte er auch Max Schmeling. Die Zeitungen veröffentlichten Fotos, die Grosz mit einem Malmodell zeigten. Tatsächlich ist Schmeling auch selbst in sein Atelier gekommen und stand für das Bild Modell. 1927 veröffentlichte die Zeitschrift «Jugend» es auf der Titelseite, heute hängt es in der Sportredaktion der «Bild-Zeitung».

Seine politischen Aktivitäten während dieser Periode gingen trotz des Wandels seiner Inhalte und Stilmittel weiter. Im Juni 1924 war er zum Vorsitzenden der «Roten Gruppe» gewählt worden, einer Vereinigung kommunistischer Künstler in Berlin, zu der unter anderem auch Heartfield, Schlichter und Piscator gehörten. Die Gruppe sah es als ihre Aufgabe an, «in engster Verbindung mit den zentralen örtlichen Organen der Kommunistischen Partei ... zur verstärkten Wirksamkeit der kommunistischen Propaganda durch Schrift-, Bild- und Bühnenmaterial beizutragen». Anstelle «einer anarchistischen Produktionsweise» sollte, umrissen in einem Zehn-Punkte-Programm, «planmäßiges Zusammenarbeiten» treten. Die Gruppe einigte sich über folgende Aufgaben und Ziele:

«1. Veranstaltung ideologisch einheitlicher Propagandaabende.
2. Praktische Mithilfe bei allen revolutionären Veranstaltungen.
3. Auftreten gegen die freideutschen ideologischen Überreste in proletarischen Veranstaltungen (Heimatlied-Romantik).
4. Künstlerische Erziehungsarbeit in Bezirken, Musterentwürfe für Wandzeitungen, Anleitungen zur Anfertigung von Demonstrationsplakaten und -schildern usw., Unterstützung der noch dilettantischen Versuche von Parteimitgliedern, durch Wort und Bild den revolutionären Willen zu bekunden.
5. Organisierung von Wanderausstellungen.
6. Ideologische und praktische Erziehungsarbeit unter den revolutionären Künstlern selbst.

Porträt des Schriftstellers Max Herrmann-Neiße. Öl auf Leinwand, 1925. Kunsthalle Mannheim

7. Auftreten und Stellungnahme gegen konterrevolutionäre Kulturmanifestationen.
8. Zersetzungs- beziehungsweise Neutralisierungsarbeit unter den bürgerlichen Künstlern.
9. Ausnützung bürgerlicher Kunstausstellungen für Propagandazwecke.
10. Fühlungnahme mit den Schülern künstlerischer Lehranstalten, um sie zu revolutionieren.»[193]

Im Februar 1924 hatte bereits im Warenhaus Wertheim eine Ausstellung der «Künstlerhilfe» stattgefunden, die 30000 Besucher anzog. Dieser Überblick über die zeitgenössische Kunst in Deutschland wurde von dem Maler Otto Nagel als Sekretär der «Künstlerhilfe» organisiert. Der Ausstellungsort gab nicht nur die Garantie dafür, daß der Durchschnittsbürger mit Kunst konfrontiert wurde, sondern es gelang sogar, am Ende

Kunsthändler Alfred Flechtheim

aus Überschüssen 2500 Mark an die Küchen der IAH und für notleidende Künstler zu überweisen.

Die «Rote Gruppe», die aus der satirischen Arbeiterzeitung «Der Knüppel» hervorgegangen war, sah neben kulturellen Aktivitäten in Deutschland ihre nächste konkrete Aufgabe darin, den Versuch einer ersten deutschen Kunstausstellung in Rußland zu wagen. Wiederum unter Leitung von Otto Nagel, unterstützt von der deutschen Botschaft in Moskau und unter Schirmherrschaft Willi Münzenbergs, kam das Vorhaben 1924 zustande. Danach wurden die 501 Exponate noch in Saratow und Leningrad gezeigt. Neben Bauhaus und «Sturm» waren die Künstler der «Roten Gruppe» am stärksten vertreten. Während von Eugen Hoffmann 14, von Dix 24 und Otto Griebel 13 Arbeiten dabei waren, verzeichnete der Katalog von Grosz nur zwei Nummern. Trotz der Einschränkung seiner linken Aktivitäten erscheint es doch rätselhaft, daß Grosz, der immerhin den Vorsitz der «Roten Gruppe» innehatte, so schwach vertreten war.

1925 erschienen unter dem Titel *Die Kunst ist in Gefahr* im Malik-Verlag drei Aufsätze von George Grosz und Wieland Herzfelde. Das kleine Heft ist eine Aufforderung zur Entscheidung, gerichtet an die Künstler.

Alfred Flechtheim, Peter und George Grosz 1930 in Lugano

Grosz betont, daß alle Kunst Tendenzkunst sei. *Die Forderung einer Tendenz erregt in der Kunstwelt heute noch, ja vielleicht mehr als früher, entrüsteten und geringschätzigen Widerspruch. Jede Kunst hat zu allen Zeiten bestimmte Tendenzen gehabt. Gewiß ist den Künstlern nicht immer die Tendenz ihrer Arbeit bewußt, das ändert jedoch nichts an der Wirkung... Nun gibt es aber noch Künstler, die bewußt und betont jeder Tendenz auszuweichen versuchen, indem sie vollkommen aufs Gegenständliche, sogar aufs Problematische verzichten. Oft glauben sie, triebhaft und ohne Absicht schaffen zu können, vergleichbar der Natur, die ohne sichtbaren Zweck Kristallen, Pflanzen, Steinen, Allem, was ist, Formen und Farben verleiht. Sie geben ihren Bildern unverständliche Namen oder nur Num-*

Otto Wels. Zeichnung aus «Der Spießer-Spiegel»

mern. Offenbar liegt dieser Methode das Bestreben zugrunde, ähnlich der Musik, unter absichtlicher Ausschaltung aller anderen Wirkungsmöglichkeiten, reine Reizwerte zu geben.[194] Grosz hat sein ganzes Leben lang die abstrakte Malerei nicht verstehen wollen und ihre immer weitere Verbreitung, besonders später in den USA, bedauert und heftig abgelehnt. Der Künstler könne nur wählen *zwischen Technik und Klassenkampfpropaganda*. Wenn er sich nicht einreihe (z. B. als Reklamezeichner) in das Heer derer, die ausbeuten, dann sei es seine Aufgabe, *als Schilderer und Kritiker das Gesicht unserer Zeit spiegelnd, als Propagandist und Verteidiger der revolutionären Idee und ihrer Anhänger* sich einzuordnen *in das Heer der Unterdrückten, die für ihren gerechten Anteil an den Werten der Welt, für eine sinnvolle, soziale Organisierung des Lebens kämpfen.*[195]

Im Frühjahr 1928 gründete die Kommunistische Partei eine neue Künstlerorganisation, die Assoziation revolutionärer bildender Künstler Deutschlands, abgekürzt ARBKD, häufig auch Asso genannt. Die Statuten der Asso betonten eine enge Kontrolle der Partei über die Aktivitäten des einzelnen Künstlers im Klassenkampf. Aus der Berliner «Roten Gruppe» war ein Parteiorgan geworden, das auch in anderen deutschen Städten Gruppen unterhielt. Grosz war zwar 1928 Gründungsmitglied der Berliner Asso, spielte aber keine nennenswerte Rolle bei ihren Aktionen in den folgenden Jahren, die vor allem das Ziel hatten, wirksame Kunstpropaganda gegen den drohenden Nationalsozialismus zu betreiben. Interessant bleibt in diesem Zusammenhang noch eine Eintragung in Graf Kesslers Tagebuch zur Reichstagswahl 1932. Er berichtet von einem Besuch Wieland Herzfeldes in seiner Wohnung, der ein gegen die Nazis gerichtetes, noch zu bildendes außerparteiliches Komitee vorschlug, um die «lahme und talentlose Propaganda der verschiedenen republikanischen Parteien» zu ergänzen durch «Bildplakate, für die Arbeiten von Heartfield, George Grosz, Käthe Kollwitz zur Verfügung stehen müßten» [196]. Finanzierung und Durchführung dieser Plakataktion kamen jedoch zwei Wochen vor den Wahlen nicht mehr zustande.

Mitte der zwanziger Jahre war Grosz zu einem bekannten Künstler avanciert, der keinerlei Schwierigkeiten mehr hatte, Verleger zu finden. Die einseitige Bindung an Herzfelde und den Malik-Verlag, die bisher bestanden hatte, konnte er aufgeben. Verlage, die seine revolutionären Werke abgelehnt hatten, veröffentlichten nun gern die Zeichnungen eines berühmten, politisch weniger scharfen Grosz. Herzfelde gibt auch finanzielle Gründe an: «Die anderen Verlage konnten höhere Honorare zahlen.»[197] 1925 brachte Grosz den *Spießer-Spiegel* im Carl Reissner Verlag, Dresden, heraus und 1930 *Über alles die Liebe* bei Bruno Cassirer. Beide Bücher enthielten 60 Abbildungen, die im Untertitel als «neue Zeichnungen» angekündigt wurden, im Gegensatz zu den «politischen Zeichnungen» der bis dahin erschienenen Sammelbände. Die Polemik der frühen Veröffentlichungen fehlte.

Der *Spießer-Spiegel* hatte keine Bildtexte oder -titel. Die gesellschaftlichen Verhältnisse wurden nicht kritisiert, abgesehen von der Darstellung einiger hungernder Gestalten vor gefüllten Schaufenstern. Kein Politiker wurde angegriffen, der Band enthielt lediglich ein Porträt von Otto Wels, dem Vorsitzenden der Sozialdemokratischen Partei. Es handelte sich aber nicht um eine bissige Karikatur, wie Grosz sie von Ebert (als Schwein im Frack) oder Noske veröffentlicht hatte, sondern um das realistische Abbild eines dicken Politikers. Als Stadtkommandant von Berlin und scharfer Gegner des linken Flügels war Wels maßgeblich an der Niederschlagung des Spartakusaufstandes beteiligt gewesen. Der Arani-Verlag, Berlin, ließ die Zeichnung bei einer Neuauflage des *Spießer-Spiegels* 1955 weg, weil Wels, der die Stellungnahme der SPD-Fraktion gegen das Ermächtigungsgesetz am 23. März 1933 im Reichstag verlesen hatte, nach Prag emigriert war. Er leitete ab 1938 die Exil-SPD in Frankreich und starb 1939 in Paris.

George Grosz, Eva Grosz und Mutter Groß 1927 in Berlin

In der Neuauflage fehlte auch der einleitende Text der Ausgabe von 1925, in dem Grosz unter anderem geschrieben hatte: *Ich halte die Zeichnung für ein gutes Instrument im Kampfe gegen das derzeitige Mittelalter. Ich bin gern bewußter Moralist und Satiriker und sehe gerade in den höhnischen Abweisungen allwissender «über dem Tag» stehender Kritiker eine gewisse Bestätigung meiner notwendigen Arbeit… Es ist wahr,* schließt der Aufsatz, *das Leben wäre sinn- und zwecklos, wenn es nicht den einen Sinn hätte, den Kampf gegen die Dummheit und willkürliche Brutalität der heutigen Machthaber.*[198]

Die Themen der Zeichnungen ähneln denen in *Ecce Homo*. «Die Beziehungen zwischen Männern und Frauen waren nicht mehr erotisch und pervers», stellt Beth Lewis fest, «sondern einfach gelangweilt oder zaghaft. Konventionelle Verhaltensweisen hatten sich in diesen Zeichnungen wieder geltend gemacht, und Grosz versuchte nicht länger, die Maske fortzureißen und das Tier bloßzulegen.»[199]

Berlin war in den zwanziger Jahren in einem weit stärkeren Maße noch als vor dem Ersten Weltkrieg zum Zentrum kreativer Innovationen des kulturellen Lebens geworden. In den Cafés und Kneipen trafen sich täglich Regisseure, Schauspieler, Tänzerinnen, Autoren, Finanziers. Von

Grosz auf dem Dach des Hauses Savignyplatz 5 in Berlin, 6. Juni 1928

dieser «Hefe» der Bühnen- und Filmszene fühlte sich George Grosz magisch angezogen, ja, er war selbst zur unentbehrlichen Figur dieses Lebens geworden. Wie ihn das sozialkritische Theater am Kurfürstendamm und in den armen Vorstadtvierteln anzog, so leicht fiel es ihm, seine Figuren auf die Bühne zu übertragen. Seine Cleopatra – Grosz entwarf zusammen mit Heartfield Bühnenbilder und Kostüme für George Bernard Shaws «Caesar und Cleopatra» 1920 am Deutschen Theater – ähnelte denn auch eher einem drallen, blonden Berliner Dienstmädchen auf einem Faschingsfest als einer ägyptischen Königin.

Insgesamt hat Grosz für ein Dutzend Inszenierungen Kostüme und teilweise auch Bühnenbilder entworfen, zum Beispiel für Georg Kaisers Stücke «Kanzlist Krehler» (1922) und «Nebeneinander» (1923). 1924 folgte, wiederum in Kooperation mit Heartfield, der Entwurf von Bühnenbildern und Kostümen für Shaws «Androklus und der Löwe».[200]

Grosz müssen diese Aufträge für das Theater außerordentlichen Spaß gemacht haben, denn fast für jedes Stück hat er zahlreiche Entwürfe angefertigt. Das gesamte Archiv seiner Theaterarbeit nahm er mit in die USA, so daß aus dem Nachlaß eine anschauliche Rekonstruktion möglich wurde.[201]

«Bis zu seiner beruflichen Beziehung zu Piscator 1926 hatte Grosz mit relativ ‹schwachen› Regisseuren zu tun gehabt, die sein Talent weder ausbeuten noch beherrschen konnten... Als politischer Satiriker hatte es Grosz gelernt, distanziert zu stehen, zu beobachten und Ereignisse sowie Menschen zu kommentieren. Diese Arbeitsweise konnte er nicht einfach für das Theater aufgeben, so daß sein Herangehen meist eine ‹Glosse› oder ein kritischer Kommentar zur Handlung und den Figuren sein mußte.»[202]

Einen besonderen Charakter hatte die Zusammenarbeit von Grosz mit Erwin Piscator. Seit Wieland Herzfelde, der Piscator aus dem Büro des Fronttheaters kannte, die Verbindung zu Grosz hergestellt hatte, die zunächst nur darin bestand, daß Piscator dem Zeichner Teepäckchen von der Ypern-Front nach Berlin-Südende schickte, riß der Kontakt nicht mehr ab. Er bestand zunächst nur in Dankesbriefen und der übereinstimmenden Meinung, daß der furchtbare Krieg so schnell wie möglich beendet werden müßte. Als Piscator dann 1919 nach Berlin kam, lernte er Grosz kennen und nahm an den Aktivitäten des DADA teil. 1920/21 übernahm Piscator das Proletarische Theater, das in Wirtshaussälen der Berliner Außenbezirke vor den Arbeitern spielte. Für die erste Programm-Ausgabe zeichnete Grosz einen Arbeiter mit erhobenen Armen. Aus der emporgehaltenen Fackel tritt das Emblem Hammer und Sichel hervor zum Zeichen der Sympathie für das revolutionäre Rußland, den Staat, der zuerst Frieden mit Deutschland schloß. Emphatisch auch der darunter abgedruckte Aufruf: «Genossen und Genossinnen! Die Seele der Revolution, die Seele der kommenden Gesellschaft der Klassenlosig-

Café Steckel Achaz Manda

Gefängnis Steckel

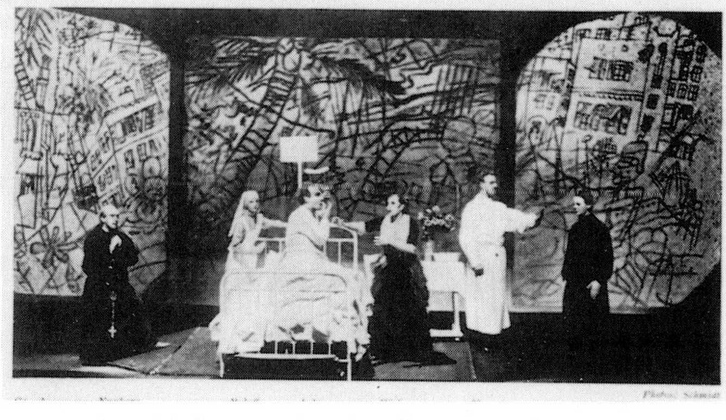

«Das trunkene Schiff» von Paul Zech. Volksbühne Berlin.
Regie: Erwin Piscator. Bühnenbild: George Grosz

keit und der Kultur der Gemeinschaft ist unser revolutionäres Gefühl. Das proletarische Theater will dieses Gefühl entzünden und wach halten helfen. Die Erlebnisse, die sozialistische Kunst in uns hervorruft, stärken das Bewußtsein vom Ernst und von der Größe der geschichtlichen Sendung unserer Klasse.»[203]

Das Proletarische Theater, in dessen Stücken neben einigen Berufsschauspielern vornehmlich Laien ohne Gage auftraten, war ein improvisierter Versuch, neue Theaterformen für ein neues Publikum zu finden. 1924 übernahm Piscator die erste Regiearbeit an der Berliner Volksbühne (Theater am Bülowplatz). Nun folgte Inszenierung auf Inszenierung. Piscator erprobte ständig neue dramatische Formen.

1926 kam es zur ersten wirklichen künstlerischen Zusammenarbeit mit George Grosz anläßlich der Aufführung von Paul Zechs szenischer Ballade «Das trunkene Schiff». Es ging um die Darstellung wichtiger Ereignisse aus dem Leben des französischen Lyrikers Arthur Rimbaud. In die Bühnenmitte stellte Piscator eine dreigeteilte Leinwand, deren rechte und linke Hälfte aufklappbar waren. «Auf dem Bild in Aden, wo Rimbaud im Café mit dem Großkaufmann Labatut verhandelt, sehen wir die eine Wand frontal, die rechte vorgezogen und die linke zurückgeschlagen. In Zeichnung und Farbe wird auf der mittleren und rechten Seite das nahe Milieu (Café, Terrasse), auf der linken Seite das fernere Milieu (Afrika-See) von George Grosz sparsam und prägnant dargestellt. Die Silhouetten hinter der mittleren Leinwand deuten die Straße vor dem Café an, ohne daß das zeichnerische Prinzip verlassen wird, ohne daß sie praktisch auf die Bühne gestellt wird. Im Gefängnisbild... sind beide Seitenwände zusammengeklappt, so daß der Raum sich zimmerartig verengt. Die Groszschen Zeichnungen sind zunächst hinter Gittern halb verborgen. Werden die Gitter weggezogen, sieht man in greller Farbe, nahegerückt, auf der linken Seite Europas Kultur in seinem imperialistischen Vertreter als Gefängniswärter... Im letzten Bild (Rimbauds Tod) sind die Leinwandteile wieder Zimmerwände. Die Projektionsbilder stellen die Träume Rimbauds dar, seinen Ekel vor dem verkommenen, imperialistischen, eingeengten Europa und die Traumbilder seiner eigenen Welt, der Welt Afrikas, der Wälder und der Sonne als konstante Begleitgedanken seines weiten Lebens. In anderen Zeichnungen wurde versucht, den Begriff Raum, Geschichte, Bewegung zu versinnbildlichen –. Die Gedankenwelt des Helden – zum Teil notwendigerweise in der Karikatur – einzubeziehen...» Piscator kommt zu dem Schluß: «Film und Projektion, organisch eingefügt, ermöglichen, Ungesagtes einzubeziehen und Gedanken- und Körperwelt zu erweitern.»[204]

1927 übernahm Grosz die Maskenentwürfe und die Gestaltung der Zwischentitel für Friedrich Zelniks Verfilmung des Gerhart-Hauptmann-Dramas «Die Weber» (1892). Im Vorspann des Films stellte er auf einprägsame Weise den Rollenfotos Tierkarikaturen gegenüber. «Der Fabrikant Dreißiger erscheint als verkniffenes Schweinegesicht, seine Frau als eitler Pfau, der in ihrem Betrieb beschäftigte Expedient Pfeifer wird als bissiger Hund gezeichnet, und der alte Hilse, der aus religiösen Gründen dem Aufstand fernbleibt, als gutmütige Kuh. In einer kurzen Trickszene unmittelbar nach dem Vorspann sehen wir, wie sich mit schnellen Strichen eine Skizze aufbaut, über die dann rasch die entsprechende Filmszene geblendet wird: die Spielhandlung kann beginnen.»[205]

Im selben Jahr begann die umfangreichste und theatergeschichtlich bedeutendste Arbeit von Grosz für die Bühne. Piscator hatte sich vorgenommen, den Roman «Die Abenteuer des braven Soldaten Schwejk» von Jaroslav Hašek zu dramatisieren. Von 1920 an war dieser Roman in Heften als Fortsetzungsserie in Prag erschienen und durch Hašeks Tod 1923 unvollendet geblieben. Nachdem 1927 die erste deutsche Übersetzung vorlag, wurde der Schwejk-Roman zur populären Lektüre. Max Brod und Hans Reimann hatten bereits eine Bühnenfassung geschrieben, die jedoch von Piscator als «pseudo-komischer Offiziersburschen-Schwank» verworfen wurde. Grosz erinnert sich: *Die Piscatorbühne am Nollendorfplatz, wir nannten sie Pilsatorbühne, weil Katzenellenbogen, der Brauereikrösus, einer der Finanzleute war, hatte eine Lektorenkonferenz einberufen, um H. R. (Hans Reimann) zu überrumpeln. Das Stück war ihnen nicht tendenziös genug. Versammelt waren Piscator, Brecht, Lania, Gasbarra. Sie verlangten, daß R. den Schwejk umkrempelte oder seine Zustimmung zum Umkrempeln erteile.*[206]

Piscator und sein Team erarbeiteten in etwa vier Wochen das Manuskript für die Inszenierung auf der Grundlage des Hašekschen Originaltexts. «Wie immer bei größeren Arbeiten verließ ich Berlin», berichtet Piscator, «und schlug mein Hauptquartier in einem kleinen Hotel-Restaurant in der Nähe von Neu-Babelsberg auf... Viele Stunden konferierte ich mit George Grosz, der als *denkender Zeichner*, wie er sich selber gern nannte, sofort auf meine Ideen mit dem ihm eigenen ungeheuren sachlichen Schwung einging.»[207]

Piscator stellte für Grosz ein riesengroßes, mit weißem Papier bespanntes Zeichenbrett *hinten auf der Szene auf, und ich begleite darauf das Bühnenspiel mit großen Hieroglyphen, husche kontrapunktisch auf und ab, untermale, vielmehr zeichne die schönsten notwendigen Begleittexte und Hašekschen Bosheiten, die unten ungesagt liegen.*[208]

Der 823 Meter lange Theaterfilm gilt als verloren. Er bestand neben den Groszschen Animationen noch aus einer Reihe von Realaufnahmen, die vom Aufnahmeleiter Johann Alexander Hübler-Kahla stammten. Piscator entschied: «Auch der Film sollte sich einordnen in das karikaturistische, satirische Element der Gesamtaufführung, und so entstand auf meine Anregung hin der von Grosz gezeichnete politisch-satirische Trickfilm. In ihm vollführten die Marionetten des Militärs, der Kirche und der Polizei ihre komisch-grausigen Bewegungen.

Grosz' Hauptverdienst bei diesem Film lag aber nicht nur in der wirklich genialen Zeichnung der Typen, sondern vor allem darin, daß er durch den Film den Schwejk respektive die Umwelt Schwejks aus der historischen Gebundenheit heraushob und damit den Anschluß an die Aktualität herstellte. Die Militärärzte, Offiziere, Staatsanwälte waren Gestalten, die auch heute noch in Preußen-Deutschland lebendig sind. Das Stück führte damit den Kampf auf der politischen Ebene des Tages fort.»[209]

Als der «Schwejk» am 23. Januar 1928 uraufgeführt wurde, nahm das Publikum mit Gelächter und stürmischem Applaus Anteil. Einhellig hob die Kritik neben der schauspielerischen Leistung Pallenbergs die Bühnenarbeit von Grosz hervor. «Auch dem Film ist diesmal eine neue Sendung zuteil geworden», schrieb Ernst Heilborn. «Neben dem bewegten (meist landschaftlichen) Szenenbild gibt es die ‹Illustration›. Für sie hat George Grosz die keck eigenartige, zeichnerische Vorlage geliefert. Karikaturen. Aber Karikaturen in Entstehen und Vergehen. Nicht anders als der Schnellzeichner auf der Varietébühne. Hier eine Linie, da ein Punkt. Und die Punkte sind plötzlich zu einem Augenpaar geworden, und die Linien klettern so um sie herum, daß jetzt ein Gesicht, jetzt eine ganze Figur dasteht – und plötzlich ist alles verschwunden, und der Zeichner hebt zu neuem Spiel an. So ist jeden Augenblick die Aufmerksamkeit gespannt. Es gibt in diesem ‹Theater› keine toten Momente.»[210]

«Grosz saß neben mir», erinnert sich Piscator. «Plötzlich setzte er seinen Zeichenstift an. Es entstand ein Kreuz. Die Szene von Ypern gerann zur künstlerischen Form.» (Piscator bezieht seinen Vergleich auf ein eigenes, vorher geschildertes Kriegserlebnis mit einer zerschossenen Christus-Figur.) «Ich sehe es vor mir, wie im Nacherlebnis eines Traumes: den unglaublich sicheren Duktus seiner Hand, ihre seismographische Empfindlichkeit, die kristallklare Präzision, mit der sie den Stift über das Papier führte: einen Leib, einen gekrümmten Leib, Symbol des geschundenen Menschenkörpers. Christus.

Plötzlich zieht Grosz ihm über die wunden Füße Soldatenstiefel, löst die linke Hand, reißt sie nach oben, gibt ihr ein zweites Kreuz. Das eine hatte bisher nicht ausgereicht. Warum also nicht ein zweites?

Und dann: Über das Gesicht, über das zweitausend Jahre alte Leidensgesicht, stülpt er eine Gasmaske, Christus mit der Gasmaske. Ein neuer Christus. (Heute würde man sagen: ein verfremdeter Christus.) Ein um so erschütternderer, als er den Tatsachen entsprach. Denn war er nicht vier Jahre zum Schweigen verurteilt gewesen? Seine Worte waren verhallt. Es war an uns, die wir dieses Bild sahen, die wir das Vergangene erlebt hatten, dieses Schweigen zu brechen, zu schreien.»[211]

Grosz gehörte wie Piscator und Dix der Kriegsgeneration an, die «seelisch verletzt» war. Schon aus der DADA-Zeit resultierte der moralische und politische Auftrag, als Künstler mahnend und aufrüttelnd zu wirken, um eine Wiederholung des grausamen Völkermordens zu verhindern.

«Christus mit der Gasmaske». Kreidezeichnung, 1927. Aus: «Hintergrund», 1928

«Diese Auffassung des Motivs [Christus mit der Gasmaske], getragen von Frechheit, Aggression, Sarkasmus und gallebitterer Ironie, entspricht der Haltung einer neuen Generation. Ihr gehören diejenigen Künstler an, die ... im Abiturientenalter in den Krieg gezogen sind und erst mit Kriegsende dazu kommen, zu sich selbst und zu einer eigenen künstlerischen Ausdrucksweise zu finden.»[212]

Am 4. April 1928 erscheinen drei Vollzugsbeamte des Polizeipräsidiums im Malik-Verlag und beschlagnahmen im Auftrag der Berliner Staatsanwaltschaft drei Zeichnungen aus der Mappe *Hintergrund*. Diese kleine Mappe enthielt 17 ausgewählte Wiedergaben von Zeichnungen, die Grosz zur Schwejk-Aufführung angefertigt hatte. Im Handdruck hergestellt, sollte sie als preiswerte Ausgabe eine möglichst große Verbreitung finden. Die Aktion stützt sich auf folgenden Gerichtsbeschluß:

«In der Strafsache gegen George Grosz und den Malik-Verlag wegen Gotteslästerung wird auf Antrag der Staatsanwaltschaft III gemäß §§ 94, 98 Str. P. O. die Beschlagnahme sämtlicher folgender Zeichnungen angeordnet...

Nr. 2: Abbildung: Geistlicher mit auf der Nase tanzendem Kreuz. Unterschrift: Ein Untertan der Obrigkeit.

Nr. 9: Abbildung: Geistlicher speit Granaten aus. Unterschrift: Die Ausschüttung des heiligen Geistes.

Nr. 10: Abbildung: Christus am Kreuz mit Gasmaske. Unterschrift: Maul halten und weiter dienen.

Diese Zeichnungen allein und in Verbindung nebst der Unterschrift stellen öffentliche Beschimpfungen von Einrichtungen der christlichen Kirche (Christus-Verehrung, Predigtamt, Priestertum) im Sinne des § 166 Str. G. B. dar und unterliegen gemäß § 41 Str. G. B. der Unbrauchbarmachung.»

Damit beginnt – die Anzeige ist anonym – der größte Gotteslästerungsprozeß, der bisher stattgefunden hat. Er zieht sich über mehrere Jahre hin. In erster Instanz wird unter dem Vorsitz von Landgerichtsdirektor Dr. Toelke am 10. Dezember 1928 gegen Grosz und Herzfelde vor dem Schöffengericht in Berlin-Charlottenburg verhandelt. Nachdem Grosz erklärt hat, als Künstler nach *bestimmten zwangsmäßigen Einsichten* handeln zu müssen, wird er vom Gerichtsvorsitzenden gefragt:

«Haben Sie nun außer diesen künstlerischen Gründen, die Sie, wie Sie uns eben gesagt haben, dazu getrieben haben, auch andere Gründe, die man allgemein als politisch bezeichnet oder die damit verwandt sind?»

Grosz: *Ich finde, daß die politischen Dinge sicher ganz eng damit zusammenhängen, wenn man einmal nicht von Parteipolitik spricht. Ich bin hier von niemand beauftragt worden, höchstens von mir selbst, von meinem inneren Feingefühl, und ich weiß, daß etwas ganz wesentlich Richtiges darin ist, wenn ich so etwas zeichne. Sicher will die Zeichnung irgend etwas ausdrücken, und sicher habe ich dort Ähnlichkeit mit alten gotischen Pamphletzeichnern. Es ist eine tiefe deutsche Tradition, die ich dadurch fortsetze. Wenn die Zeit sehr bewegt ist, wenn die Untergründe erschüttert sind, dann kann der Künstler nicht abseits stehen, gerade der begabte Künstler, der das feinere Empfinden hat. Deshalb wird er, ohne daß er es will, politisch sein. Das geht Hand in Hand... Vielleicht ist das Wesen des künstlerischen Schaffens nicht bis zutiefst zu erklären. Kunst läßt sich überhaupt nicht genau erklären. Aber ich habe oft das Gefühl – es mag ein sentimentales Gefühl sein –: Es geschieht viel Unrecht, und durch ein ganz bestimmtes inneres Muß bin ich eben an die Seite derjenigen getrieben, die dieses Unrecht bekämpfen. Ich finde, es geschehen zuviel Brutalitäten, es ist zu wenig Liebe da. Wo man hinsieht, sieht man Phrasen, Unrecht, Brutalität. Gewiß ist eine Minderheit da, die das auch empfindet. Diese Empfindungen leben doch eigentlich, sie beleben einen Menschen, der satirisch veranlagt ist, und aus ihnen heraus muß er handeln.*[213]

Als Sachverständiger wird Reichskunstwart Dr. Edwin Redslob gehört, der sich energisch für Grosz und dessen lautere Absichten einsetzt. Der Staatsanwalt beantragt für Grosz und Herzfelde je 1000 Mark Geldstrafe sowie Unbrauchbarmachung der beschlagnahmten Zeichnungen 2, 9 und 10 und der dazugehörigen Platten. Der Verteidiger Dr. Apfel for-

George Grosz und sein Sohn Peter (Bildmitte) mit Otto Dix und dessen Familie in Wustrow (Pommern), Sommer 1930

dert Freispruch. Das Urteil lautet auf je 2000 Mark Geldstrafe für Grosz und Herzfelde, Zeichnung 10 (Christus mit der Gasmaske) soll eingezogen und die Platte unbrauchbar gemacht werden. Dr. Apfel legt Berufung ein. Der Prozeß geht weiter. – Am 10. April 1929 findet unter Vorsitz von Landgerichtsdirektor Siegert vor der 2. Großen Strafkammer die zweite Verhandlung statt. Sachverständiger ist wieder Redslob. Das Urteil lautet auf Freispruch. Der Oberstaatsanwalt meldet Revision an. Die Chronologie des ganzen Prozesses wäre eine eigene Dokumentation wert, weil sich in ihm die zeitgeschichtlichen Machtkämpfe und ihre ideologischen Motive deutlich widerspiegeln.[214]

Am 27. Februar 1930 wird vor dem II. Strafsenat des Reichsgerichts in Leipzig unter Vorsitz von Senatspräsident Dr. Witt verhandelt. Das Urteil des Landgerichts II wird aufgehoben und die Sache an die Vorinstanz zurückverwiesen. In der Urteilsbegründung heißt es: «Es kommt ... überhaupt nicht darauf an, welche Zwecke der Angeklagte verfolgte, sondern darauf, ob er die Angehörigen einer der christlichen Kirchen in ihren religiösen Empfindungen durch eine rohe Beschimpfung ihrer Einrichtungen und Gebräuche verletzt hat ...»[215]

6. Oktober 1930: Vierte Verhandlung vor der 2. Großen Strafkammer des Landgerichts III Berlin-Moabit, wieder unter Vorsitz von Siegert. Vertagung, da weitere Sachverständige und Zeugen nötig sind. Auf Wunsch des Gerichts benennt die evangelische Kirche Dr. Helmuth Schreiner, Vorsteher des Johannesstifts in Berlin-Spandau als Sachverständigen; das bischöfliche Ordinariat Berlin benennt Prof. Dr. Wagner. Darauf beantragt die Verteidigung ebenfalls Sachverständige: den protestantischen Pastor August Bleier, Berlin, den Katholiken Walter Dirks, Redakteur der kulturellen Abteilung der «Rhein-Mainischen Volkszeitung», Frankfurt a. M., Dr. Ing. Hans Albrecht, Vorsitzender der deutschen Abteilung der religiösen Gesellschaft der Freunde (Quäker), Hamburg, den Pazifisten Harry Graf Kessler, Berlin. Schon zum zweitenmal bittet Siegert darum, ersetzt zu werden, weil er durch den Freispruch befangen sei. Dem wird nicht stattgegeben. Es ist das Vorspiel zur Kaltstellung Siegerts, der nach 1933 als unliebsamer Liberaler und Freund des «Kulturbolschewismus» seinen Abschied nehmen muß.

3./4. Dezember 1930: Fünfte Verhandlung in Moabit:

«Als Vertreter des bischöflichen Episkopats sprach der Theologieprofessor Wagner von der Universität Breslau. Vom Standpunkt der katholischen Kirche aus wirke das Bild wie eine Verhöhnung Christi und sei für jeden unbefangenen Beschauer schwer anstößig. Es gehöre eine große Ehrfurchtslosigkeit des darstellenden Künstlers dazu, den Heiland in dieser Art abzubilden, so daß das religiöse Gefühl jedes Menschen aufs tiefste verletzt werde.»[216]

Besonders eindringlich wird die Verteidigung durch die Quäker unterstützt, die befürchteten, Grosz solle zum Opfer der Justiz und der Rechtsparteien gemacht werden. Er habe keine Blasphemie gezeichnet. Es komme auch nicht auf die Darstellung an, ob Christus nackt oder bekleidet sei, sondern Grosz habe seine Vision dargestellt, und die war ehrlich. Dazu findet sich eine Äußerung von Grosz in einem Brief an Robert Bell, die bereits vom September 1915 stammt: *... ekelhaft und verlogen, wie alles Menschliche (jawohl!) beten diese Kreaturen heute zu demselben Christus, nur wird er spezifisch deutsch, nein, ich möchte sagen, es wird aus dem internationalen Abrüstungsprediger, ein preußischer, so allerdings gebrauchsfertiger Christus. (vielleicht geben wir ihm Uniform? wie?)*[217] Der Quäker Dr. Albrecht sagt zu der Grosz-Zeichnung, gegen die sich die schärfsten Angriffe richten: «Diesem elenden in der Umwelt des Krieges verhungerten Christus am Kreuz ist nichts genommen, was mit seiner Sendung für die Menschheit zusammenhängt ... Es ist ein jämmerlicher, unter der Sünde der Menschen fast vergehender Christus ... Aus dem Bilde spricht die künstlerische Intuition einer tiefen religiösen Idee. Es ist ein ‹Ecce Homo›, ein erschütternder Aufruf, Christus aus dem Gefängnis menschlicher Furchtbarkeit und Niedrigkeiten zu befreien.»[218] Albrecht kommt in seinem Gutachten zu dem Ergebnis, daß er weder objektiv noch subjektiv eine Verächtlichmachung Christi oder der christlichen Lehre in dem Bilde «Christus mit der Gasmaske» und den übrigen Darstellungen der Mappe *Hintergrund* sehe.

Das Urteil lautet: «Die Berufung der Staatsanwaltschaft wird verworfen. Das Urteil wird aufgehoben, und es werden die beiden Angeklagten auf Kosten der Staatskasse freigesprochen.»

Der Oberstaatsanwalt legt Revision ein, und es kommt am 5. November 1931 zur sechsten Verhandlung vor dem II. Strafsenat des Reichsgerichts unter Vorsitz von Senatspräsident Dr. Witt. Das Urteil vom 4. Dezember 1930 wird geändert: «Die Zeichnung Nr. 10 der im Malik-Verlag erschienenen Sammelmappe ‹Hintergrund› und alle im Besitze des Verfassers, Druckers, Herausgebers, Verlegers oder Buchhändlers befindlichen und die öffentlich ausgelegten oder öffentlich angebotenen Exemplare der Abbildung dieser Zeichnung sowie die zu ihrer Herstellung bestimmten Platten und Formen sind unbrauchbar zu machen.»

In der Zwischenzeit werden die Verfahren in Magdeburg, Leipzig, Nürnberg-Fürth, Gleiwitz, Mannheim und Breslau gegen Buchhändler zurückgestellt. In den Akten befinden sich wiederholte Bitten der örtlichen Behörden um Mitteilung über den Fortgang der Berliner Verhandlungen und der eventuellen Urteile.

Die Polizei arbeitet recht langsam. In einem Schreiben des Berliner Polizeipräsidenten an den Oberstaatsanwalt vom 26. März 1932 wird gemeldet, daß «das Erforderliche veranlaßt worden» sei. Am 3. Juni 1932 heißt es dann, daß die «Unbrauchbarmachung» nur teilweise durchgeführt werden konnte. «Die am 4.4.1928 im Malik-Verlag AG, Berlin, Passauer Str. 3 versiegelten und polizeilich sichergestellten Kisten mit den Mappen der Zeichnungen ‹Hintergrund› waren nicht mehr vorhanden und sind inzwischen bis auf 253 Stücke des Bildes 10, die Herzfelde zurückgegeben hat, verkauft worden.» Gegen Herzfelde sei eine Strafanzeige erstattet worden. «Diese 253 Zeichnungen werden mit den hier noch lagernden 1506 Stücken bei der nächsten terminsmäßigen Akteneinstampfung vernichtet werden.» 249 Zeichnungen (andere als Nr. 10) seien dem Malik-Verlag zurückgegeben worden.

Eine Nachfrage bei der Firma F. Ullmann in Zwickau, die die Mappe gedruckt hat, ergibt: die betreffende Zinkplatte sei nach Gebrauch abgeschliffen worden. Eine Unbrauchbarmachung erübrige sich also.

Das letzte Aktenstück trägt das Datum 17. Oktober 1933: Der Reichsminister für Volksaufklärung und Propaganda bittet darin den Generalstaatsanwalt, ihm die inkriminierte Zeichnung «für eine Broschüre, die auch den Kulturbolschewismus behandelt, zur Verfügung zu stellen»[219].

Vor dem trüben Hintergrund der Weltwirtschaftskrise, der Massenarbeitslosigkeit in Deutschland, dem Anwachsen der Hitlerschen Parteigänger und den blutigen Auseinandersetzungen radikaler Gruppen auf den Straßen begrüßten die linksintellektuellen Kunstkreise Berlins den Grosz-Freispruch wie eine kleine Hoffnung auf bessere Tage. Flechtheim schenkte Grosz eine Picasso-Radierung mit der Widmung: «Ob Muselmann, ob Christ, ob Jid, Ein Hoch dem Konzil von Moabit!»

Grosz ließ sich nicht täuschen. Zu seiner Verteidigung im Prozeß hatte er notiert: *Ich empfand die blutig aufgerissenen Gegensätze... Vielleicht empfinden künstlerische Menschen so wie ich die Wehen einer kommenden und im Umschichten befindlichen Zeit stärker als sogenannte Normale, die nur ihren besseren Verdienst überall sehen. Wie dem auch sei... manchmal war es mir, als gingen durch mich diese Erschütterungen stärker hindurch... ich war oft wie eine Wand, die das blutige und entmenschte Geschrei der umgebenden Welt wiedergab. Eine Wand, auf der die Zeit ein wenig von ihren gespenstischen Fratzen einritzte.*[220] Brecht plante 1931 ein Theater als Gerichtssaal mit zwei Prozessen pro Abend: «Zum Beispiel... gegen George Grosz wegen seiner Zeichnung des Christus mit der Gasmaske. Brecht wurde von seiner Begeisterung mitgerissen; er entwickelte immer neue Einzelheiten: ‹Nehmen wir an, der Prozeß Sokrates ist zu Ende. Wir organisieren einen kurzen Hexenprozeß, mit Rittern in voller Rüstung als Richter, die die Hexe zum Scheiterhaufen verurteilen. Dann beginnt der Prozeß gegen George Grosz, aber wir vergessen, die Ritter von der Bühne zu nehmen. Wenn dann der Staatsanwalt gegen den Künstler loszieht, daß er unseren milden und barmherzigen Gott beleidigt hat, lassen sich die Ritter zu lautem Beifall hinreißen...»[221]

Die große politische Katastrophe und Brechts Flucht nach Prag hinderten ihn daran, das Projekt zu verwirklichen. Grosz sprach andererseits mehrfach davon, einmal alle Brecht-Stücke illustrieren zu wollen. Vor Hitlers Machtantritt erschien noch 1932 im Kiepenheuer Verlag als Kinderbuch «Die drei Soldaten» mit 25 Zeichnungen von Grosz. 1954 wurden drei Zeichnungen als Hintergrund für eine Aufführung in New York verwendet, und Grosz malte ein Aquarell, das Brecht in Ketten vor Gericht zeigt. Aber in einem Brief, den er 1947 in Amerika an Brecht schrieb, hat er die eigentlichen Schwierigkeiten für weitere Illustrationen genannt. Grosz stand in einer zu starken, affektiven Beziehung zu Brechts Texten, verstärkt durch die schmerzlichen Jahre des Exils, als daß er sich an ein solches Vorhaben gewagt hätte. *Wie wenige wirklich großen Malersknechte trauen sich da überhaupt ran... Viele überkommt ja schon ein Schauer beim Lesen... und bei manchen hört das nervöse*

Titelseite der «Funk-Woche» Nr. 45, November 1932

ängstliche Gezitter der Hände niemals auf beim Illustrieren. Und wie soll da ein begabter Mann zeichnen, wenn ihm vor Gefühlen, die er doch nur schwer kontrollieren kann, die Hände zittern. Denn Zeichnungen, ja, merkwürdig, werden nach wie vor noch mit den Händen gemacht. Und er fabuliert weiter über die Erfindung einer Malmaschine, an der er seit Jahren arbeite, die es viel besser könne und die er den politischen Poeten ins Nebenzimmer liefern werde.[222]

1932 ergab sich eine einschneidende Zäsur in Grosz' Leben. John Sloan, der Direktor der Art Students' League in New York, lud drei europäische Künstler als Gastdozenten ein, weil er sich neue Methoden und frische Impulse für den Lehrbetrieb erhoffte. Einer von ihnen war Grosz.

Grosz, der seinen Jugendtraum von Amerika näherrücken sah, sagte zu. Er war außerdem davor gewarnt worden, weiter in Deutschland zu bleiben, da sein Name auf der Schwarzen Liste stehe. *Vor meinem Atelier lag zum Beispiel so eine Eisenröhre und da stand drauf mit einem kleinen Zettel: «Das ist für dich, du alte Judensau, wenn du noch so weitermachst!»*[223] Im Oktober 1932 kam er nach Berlin zurück, um seine endgültige Auswanderung vorzubereiten. *Um so ein Auflösen einer Wohnung, in der man lange gelebt hat, ist etwas Merkwürdiges: als zerstöre man ein Schneckenhaus oder eine Muschel. Heute wurde dieses Stück geholt, morgen jenes. Langsam bröckelte alles ab ...*[224] *Wie ein Stück Holz wurde ich von einem mir noch unbekannten, ja unterirdischen Strom fortgeschwemmt. Ich war natürlich kein unschuldiges Kindlein und wußte, wie es um Deutschland bestellt war. Ich sah deutlich, daß der Fußboden Risse bekam, wie diese und jene Wand zu wackeln begann. Ich sah, wie mein Zigarrenhändler über Nacht ein Hakenkreuz im selben Knopfloch stecken hatte, das früher stets ein rotemailliertes Hammer- und Sichelabzeichen aufwies.*[225]

Die letzte auffindbare Veröffentlichung über Grosz vor Hitlers Machtantritt ist ein Titelfoto der «Funk-Woche» vom November 1932. Es zeigt ihn vor dem Ölbild *Maler und Modell* aus dem Jahre 1928, einem Selbstbildnis mit seiner Schwägerin Lotte Schmalhausen. Verwechslung oder Absicht: sein Name taucht nicht mehr auf. Die Sendung wird als Besuch bei seinem Freund Max Pechstein angekündigt.

Grosz verläßt Deutschland zu Beginn des neuen Jahres endgültig. *Am 12. Januar bestiegen wir in Bremerhaven den Norddeutschen-Lloyd-Dampfer «Stuttgart»; am 23. kamen wir in New York an. Am 30. Januar wurde Hitler Reichskanzler in Deutschland.* Grosz war wirklich in letzter Minute entkommen. Wie er aus Briefen erfuhr, war überall nach ihm gesucht worden. *Daß ich da lebend davongekommen wäre, darf ich wohl bezweifeln.*[226]

In Amerika

Die Zeit während der Überfahrt vertrieb sich Grosz mit Fotografieren. Sein Blick auf Mitpassagiere und Matrosen wirkt wie der eines erfahrenen Bauhaus-Fotografen. Kaum im Hafen von New York eingetroffen, begann er mit seinen Streifzügen durch die Riesenstadt. Neben Skizzenblock und Fotoapparat benutzte er auch eine Schmalfilmkamera. Er filmte die Wolkenkratzer, die ihn besonders faszinierten, die Autos, die dahineilenden Menschen aller Hautfarben. Das «Time»-Magazin hatte Grosz mit der Überschrift begrüßt: «Mild Monster Arrives» (Sanftes Ungeheuer trifft ein)[227], und «The New Yorker» schrieb, daß er «ein Revolutionär von individualistischem Zuschnitt» sei, jedoch ein Mann, der über Rußland pessimistisch denke und New York liebe, da hier noch etwas von persönlicher Freiheit übriggeblieben sei. «Er spürt hier auch *ein kontinuierliches Sich-Verwandeln von harten und scharfen Linien in zarte Farben und anmutige Konturen, was erheiternd ist*... Er lehrt Zeichnen, nicht Karikieren. Er glaubt nicht, daß man Karikieren lehren könne.»[228]

Bei seiner Ankunft war ihm zugerufen worden: «Kratz Du denen ruhig die Augen aus, George, je toller, je besser.»[229] Man sah in Grosz den Zeichner des *Gesichts der herrschenden Klasse*. Wirtschaftliche Depression und Arbeitslosigkeit hatten ähnlich katastrophale Ausmaße wie in Deutschland. Aber Grosz wollte und konnte nicht weiterarbeiten wie bisher. Er hatte Berlin als ein enttäuschter Mann verlassen. *Ich hatte die erste Runde verloren, boxerisch gesprochen. Ich merkte, daß auf meine Zeichnungen einfach nicht gehört wurde. Meine Warnung war sozusagen eine Warnung in den Wind gewesen.*[230] Er war aus bitterer Erfahrung zu der Überzeugung gelangt, daß *die Zeit der Karikatur als Instrument im Kampf für den «Fortschritt»... vorbei* war.[231] Satire sah er nunmehr als eine zweischneidige Sache an. Es blieb überhaupt die Frage, ob nicht die vielen Karikaturen Hitler letztlich nur populärer gemacht hatten. In seiner Resignation ließ er sich sogar dazu hinreißen zu bejahen, daß Hitler *so'n bischen ausgefegt hat – meine Herren – ehrlich gesagt – das Meiste war wirklich wertloses Zeug – soll er ruhig ein paar hundert Bände ächten. Allzu viel verloren ist da nicht. Unter uns – das meiste was geschrieben wird ist doch rundweg Mist. Hoffen wir nur, dasz nun nicht umgekehrt der ganze Fölljetonmist von Rechts kommt... Und meine bescheidene Meinung – wo wirds hinführen – letzten Endes zu einem neuen Krieg. Denn das erste Gebot des Faszismus ist: Aktion. Well und die Geschichte Europas und auch anderswo ist mit Blut geschrieben und – meiner bescheidenen Meinung nach, wird wohl (sorry to say it) weiterhin mit Blut geschrieben werden... Immer noch besser in der Bibel zu lesen und in gewisser Tummbheit zu verharren, als zu glauben, wenn man Querschnittabonnent ist, man gehöre zu den Erleuchteten.*[232]

Seine Einstellung zu New York und dem amerikanischen Leben charakterisierte Grosz später: *Über manches sah ich wohl einfach hinweg, oder ich sah es überhaupt nicht. Meine romantischen Neigungen kamen einem mehr praktischen «Anpassungssinn» durchaus entgegen.*[233] Grosz hat seine Übersiedlung nach Amerika zu mystifizieren versucht, so wie er im Alter und unter Einfluß von Alkohol ständig neue Geschichten und rätselhafte Zusammenhänge erfunden hat. In einem Traum habe ihm *eine höhere Macht, ein unbekannter «Mechaniker», ein Zeichen* gegeben[234], und eine *bestimmte Kraft* habe ihn als *Zeugen aufsparen* wollen.[235] Im Interview von 1954 hat er es viel einfacher und klarer gesagt, nämlich daß ein kindlicher Traum ihm in Amerika das Glück versprochen habe. Sein Problem sei es gewesen, daß er ein Mensch war, *der lieben wollte... Diesen Haß, den ich in mir hatte, den ließ ich einfach zurück. In anderen Worten: es war vielleicht auch etwas zu Ende in mir.*[236] In Amerika fand er den hassenswerten Menschentypus aus dem Deutschland seiner Jugend-

An Bord. Fotografie von George Grosz

Grosz an Bord der «Stuttgart»

zeit nicht wieder. Er zeichnete Passanten auf der Straße, aber das waren keine Offiziere oder Spießer wie in Preußen. Er fand auch bei den einfachen Amerikanern keinen Groll gegen Millionäre, die hier sogar als tüchtige und erstrebenswerte Vorbilder der Nation angesehen wurden – so wie für Grosz selbst wohl auch das alte Klischee «Vom-Schuhputzer-zum-Millionär» lebendig war.

Als George und Eva Grosz Berlin verließen, blieben die Söhne Peter und Martin zunächst bei einer Tante zurück. Eva fiel der Abschied von der Heimat sehr schwer. In der New Yorker U-Bahn brach sie oft plötzlich in Tränen aus. Sie kam im April 1933 besuchsweise zurück, um die Jungen abzuholen. Edith Yapou-Hoffmann beschreibt sie: «G. hatte eine schöne Frau, die mich etwas an die erste Frau von Rubens erinnerte – nicht dick, aber groß, stark, mit dunklen Haaren und lebhaften Farben... Sie besuchte uns und erzählte, niemand hätte sie belästigt, da sie sich als ‹Frau Große› ausgab und kein Beamter sie mit George G. in Verbindung brachte.»[237] Im Oktober 1933 verließ sie mit den Kindern Deutschland endgültig. Bei ihrer Mutter im Hause Savignyplatz 5 blieben viele Bücher, Zeichnungen und Arbeiten aus dem Atelier zurück. Während der Luftangriffe auf Berlin behüteten zwei Tanten die Schätze in dem von Bomben getroffenen Haus. Einmal lagerten die Sachen auf dem Dachboden, dann wieder im Keller. Der Portier und Hausobmann war Kommunist, später NSDAP-Mitglied. Er wußte Bescheid, aber er hielt dicht.

Absurderweise war Grosz zum Juden erklärt worden, vielleicht deshalb, weil die Rechtspresse dies in den zwanziger Jahren wiederholt von ihm behauptet hatte. Jedenfalls war auf diese Weise der Besitzanteil seiner Frau am elterlichen Hause SS-Eigentum geworden. Die SS kassierte monatlich einen Teil der Mieteinnahmen, ohne zu ahnen, welche «entarteten» Kunstfunde sie bei der Durchsuchung des «eigenen» Hauses hätte machen können.

Als Grosz nach dem Kriege zurückkam, wurden die Kisten geöffnet, und er signierte nachträglich stundenlang alte Blätter. Die meisten Arbeiten gelangten ins Grosz Estate in Princeton und in das Grosz-Archiv der

Jubelnde Menschen vor dem Auto Hitlers, Januar 1933

Berliner Akademie der Künste. Einiges wurde über zwei Verkaufsausstellungen der Galerie Nierendorf überlassen.

Grosz versuchte in den ersten Jahren des Exils, Aufträge als Illustrator zu erhalten und wie in Deutschland seine Zeichnungen an Zeitungen zu verkaufen, aber es gelang ihm nur mit mäßigem Erfolg. Für das Magazin «Esquire» fertigte er regelmäßig Illustrationen an. Obwohl diese Arbeiten gut honoriert wurden, erfolgte der Abdruck meist nur kleinformatig. *Man schätzte meine Arbeiten wohl, besonders in bestimmten intellektuellen Kreisen, aber man sagte immer: «es ist zu teutonisch», das war der Ausdruck. «Sie sind brillant.» Man sagte mir aber gleichzeitig: «Die passen nicht nach Amerika.»*[238] *Insgesamt lag mir das amerikanische Mittelstandsideal näher als die teils wirklich, teils scheinverrückte Sonderwelt, in der die froschartigen Größen der sogenannten Avantgarde der Kunst lebten und leben wollten.*[239]

Der amerikanische Literaturkritiker und Grosz-Verehrer Edmund Wilson interviewte sich einmal selbst über seine Abneigungen und Vorlieben in der bildenden Kunst. Dabei erwähnt er die deutsche Bewunderung für Amerika, für die tatkräftige Betriebsamkeit in der Neuen Welt, die Gebäude und den Mittelklassen-Komfort. «Ich hatte wirklich niemals genau verstanden, wie weit diese Verehrung im Fall von George Grosz gegangen war.» Er hielt die amerikanische Commercial Art für etwas ganz Neues auf der Welt, das ihn interessierte. Das ganze Idealbild eines erstrebenswerten Lebens mit hübschen Männern, reizenden Frauen, wie aus dem Ei gepellten Kindern, alle dabei ausgezeichnete Lebensmittel essend, reisend in sanft rollenden Autos, an herrlichen, sauberen Stränden sich rekelnd. «Sie bildeten sicherlich einen überraschenden Kontrast zu G. G.s Lebenskonzeption in Berlin. Aber da ich nicht gerade an das Ideal glaubte, das sie darstellten, und dachte, daß die Wirklichkeiten des amerikanischen Lebens genügend Anlaß zur Satire lieferten, war ich überrascht, zu entdecken, daß George mehr oder weniger von Amerika entzückt war.»[240] *Ich wußte natürlich, daß es diese saubere Mittelstandswelt nur in der Phantasie der Herren und Damen gab, die in jenen Zeitschriften eine Unmenge meist maschinell erzeugter Waren ab- und umsetzen halfen, aber trotzdem war mir die Lüge sympathischer als die Wahrheit, und im geheimen sehnte ich mich nach der Märchenwelt dieser Bilder, wie nach einem frischen, glattrasiert lächelnden Traum.*[241] Grosz hat in diesem Zusammenhang betont, wie er den amerikanischen Maler Norman Rockwell bewundere, und zwar seine Arbeit ebenso wie die Dollars, die sie ihm einbringe. «Er hat Rockwell sehr gern gehabt. Sicherlich auch ein bißchen aus Jux, aber er hat ihn geschätzt, auch dafür, daß er mit ‹Kitsch› so viel verdienen konnte.»[242]

Grosz erhielt nur spärlich Aufträge. Er freute sich daher sehr, daß ihn 1934 George Macey darum bat, Illustrationen zu einer bibliophilen Ausgabe von O.-Henry-Geschichten zu machen. Grosz widmete sich dieser

Aufgabe intensiv und schuf 21 großformatige, farbstarke Aquarelle. Die Einnahmen aus freier künstlerischer Arbeit waren jedoch zu gering, als daß er seine Lehrtätigkeit für die Art Students' League hätte aufgeben können.

Nebenbei unterhielt er noch eine eigene private Malschule, die Sterne-Grosz-School. Als sein Partner, der Maler Maurice Sterne, nach Kalifornien umzog, betrieb er die Schule allein weiter und mietete im 32. Stock des Squibb-Building ein großes Atelier mit Sonnenterrasse. *Ich klopfte mir selbst im Geiste auf die Schulter, betrat den Schnellfahrstuhl, der vom ersten bis zum 31. Stock nicht anhielt, und schwebte selbstgefällig empor. Nicht schlecht, dachte ich. Tolles Land, Amerika. – Ich war ja noch verhältnismäßig jung, erst vierundvierzig, und mein Traum lebendiger denn je. Die Schülerinnen ... gehörten fast durchweg den höheren finanziellen Schichten New Yorks an. Das gab meiner Schule etwas gleichsam Feudales, was mir lag. Zugleich übernahm ich aber auch ein paar meiner besseren Schüler aus der «Art Students' League», um der Sache einen etwas demokratischen Anstrich zu geben. Dabei lag mir Ironie völlig ferne. Ich war stolz auf meine Schülerinnen und fühlte mich oft wie der Direktor eines exklusiven Klubs beim Anblick der vielen Nerzmäntel, die da am Garderobengestell hingen.*[243]

Grosz' Verdienst reichte aus für ein eigenes Auto und eine Hausangestellte für die Familie. Er konnte sogar – was für die Einkommensverhältnisse amerikanischer Künstler damals äußerst selten war – an eine Europareise denken und fuhr im Juni 1935 nach Paris, dann weiter nach Dänemark, um Bertolt Brecht wiederzusehen, und abschließend bis September nach Laren (Holland) zu seinem Studienfreund Herbert Fiedler. Die politischen Prognosen waren düster. Grosz hatte 1933, *im Gegensatz zu vielen Andersdenkenden, schon damals das Gefühl von Hitlers völligem, langewährenden Sieg gehabt*[244].

«George Grosz hätte nie den Boden seiner Heimat verlieren dürfen! ... Er wurde verbittert», sagte Piscator und schildert eine Episode: «Grosz sitzt mit einer Gruppe von Antifaschisten in New York zusammen, als die Nachricht eintrifft, Erich Mühsam sei im KZ getötet worden. Namenlose Betroffenheit, Schmerz bemächtigt sich der Gruppe. Einer weint. Plötzlich beschimpft Grosz die anderen, sie seien sentimental, der ganze Fall sei lächerlich, ein Mann wie Mühsam habe damit rechnen müssen. Überhaupt habe Kunst mit Politik nicht das mindeste zu tun. Alle Anwesenden sind empört über diese Worte, enttäuscht, können sie sich nicht erklären.

Einige Zeit später besuchte besagter Freund (vermutlich Felix Weil) George Grosz in seinem Atelier, fragt: ‹Na, was hast du inzwischen gemacht?› *Sieh doch nach, in der Ecke liegt einiges.* Der Besucher öffnet einige Mappen und findet etwa fünfzehn Zeichnungen über Mühsams Tod, die zum besten gehören, was Grosz in den letzten Jahren gemacht

Grosz als Barmixer
mit Max Morgenstern.
Coney Island,
Juli 1933

hatte. Der fast schon erloschene Funke war noch einmal zum Glühen angefacht worden.»[245]

Interregnum war der Titel einer Mappe, die 1936 von Caresse Crosby bei Black Sun Press herausgebracht werden sollte. Das Vorwort schrieb John Dos Passos. 64 ganzseitige Zeichnungen, von denen fast alle vorher noch niemals veröffentlicht worden waren, zeigten Grosz als scharfen Ankläger der Verhältnisse in Deutschland. Der Band enthielt ein Original-Vier-Farben-Litho und war signiert. 280 Exemplare plus 20 für den Künstler waren geplant, aber die Subskription mit 50 Dollar pro Kopie erwies sich als eine Fehleinschätzung des amerikanischen Interessentenkreises. Das Vorhaben wurde ein vollkommenes Fiasko. Zum einen hing das mit der aktuellen Wirkung der von Hitler 1936 in Berlin inszenierten

«Schriftsteller, was?» Aus: Interregnum, 1936

Olympischen Spiele zusammen, zum anderen wahrscheinlich auch mit der vernichtenden Kritik, die Malcolm Cowley in der Zeitschrift «New Republic» unter der Überschrift «Hymne des Hasses» veröffentlichte. Cowley, der wohl nur sehr flüchtig in *Interregnum* geblättert hatte und kein Verständnis für das Wesen der Groszschen Satire besaß, beurteilte den Band eindeutig negativ: «Die logische Antwort – die einzige logische Antwort, die Grosz geben kann – für die moderne Welt ist, sie durch Fliegerbomben kaputtzuschlagen.»[246] Von *Interregnum* erschienen nur wenige Exemplare. Heute ist die Mappe eine bibliophile Kostbarkeit ersten Ranges. Grosz erkannte resignierend einige Jahre später: *Der Künstler, der die Ereignisse des Tages, die Komödien und Tragödien der wechselnden Szene porträtiert und verspottet, ist wie ein Geiger, der auf einer zu kleinen Violine kratzt.*[247]

Er gab seine Lehrtätigkeit 1937 auf und bezog mit seiner Familie ein Haus in Douglaston auf Long Island. Ein Guggenheim-Stipendium ermöglichte es ihm, für zwei Jahre künstlerisch unabhängig zu arbeiten. Sommer für Sommer zog er nun sieben Jahre lang in die Dünen, um zu zeichnen und zu malen. «In Cape Cod arbeitete er sehr viel. Gegen 9 Uhr fuhr er morgens auf dem Fahrrad mit seinen Malsachen ab und kam abends gegen 18 Uhr zurück. Nach der Zeit mit der Familie zog er sich in sein Studio zurück und arbeitete meist bis ½ 2 Uhr nachts weiter.»[248]

Grosz war fasziniert vom weiblichen Körper. Die Episode in seiner Autobiographie, die schildert, wie er als Pubertierender eine Frau beim Ausziehen beobachtet, ist wahrscheinlich erfunden, aber Aktzeichnen und Malen von Frauenkörpern, so bekannte er, verscheuchten seine depressiven Stimmungen. Auch in seinen Landschaften gab er den Felsen anthropomorphe Gestalt; Formen, die deutlich an Körper erinnern. *Die Natur trat mir näher in all ihrer Einfachheit, Einheit und Schönheit, doch auch in der unerbittlichen Gesetzmäßigkeit ihrer Elemente. Stundenlang konnte ich am Cape Cod durch die Dünen streifen und demütig, nichts weglassend und nichts hinzufügend, versuchen, mit meinen kleinen Mitteln meine Empfindungen angesichts der Natur wiederzugeben.*[249] *Die Gegend mit ihren schönen, hohen Dünen entsprach ganz einer sozusagen «inneren» Landschaft, die ich längst in mir herumtrug und nun hier realiter vorfand.*[250]

Bisweilen fuhr Grosz nach New York und kaufte sich in einem Buchladen die neuesten Schmähschriften aus Hitler-Deutschland. 1937 erschien Wolfgang Willrichs «Säuberung des Kunsttempels, eine kunstpolitische Kampfschrift zur Gesundung deutscher Kunst im Geiste nordischer Art». Sie enthielt unter anderem Angriffe gegen die Ankäufe des Direktors des Dresdner Stadtmuseums, Dr. Paul F. Schmidt. «Spuren seiner Wirksamkeit zeigen die Machwerke des Irrsinns und der Bosheit, die er ... aus den Geldern der Steuerzahler ... angeschafft hat.» Neben einem Bild von Kurt Schwitters werden dann aufgeführt: *Der Abenteurer* von Grosz für 10000 Mark, ein Aquarell für 1200 Mark, «verhökert» von der «Galerie des Getreidejuden Flechtheim aus Odessa»[251]. Grosz wird ironisch als «Heilsarmeegeneral der Weltrevolution» angeprangert, und Willrich behauptet, «daß dieser gar nicht daran denkt, eine Welt aus den Angeln zu heben, sondern im Gegenteil sich in seinem Milieu pudelwohl fühlt ...»[252] Deutlich tritt der Ärger der Häscher zutage, daß Grosz ihnen entwischen konnte.

Dank eines frühen Bekenntnisses zum Nationalsozialismus war Grosz' Lehrer Richard Müller 1933 zum Direktor der Dresdner Akademie ernannt worden. Er wurde zum Initiator der ersten Ausstellung «Entarteter Kunst», die unter dem Titel «Spiegelbilder des Verfalls» bereits im September 1933 im Lichthof des Dresdner Rathauses zu sehen war.

In einem Artikel polemisierte er gegen seine früheren Schüler Dix und

Hetzzeichnung. «Der Stürmer», April 1934

Grosz.[253] Er soll auch wiederholt im Vorzimmer Hitlers gesessen haben, um radikalere Maßnahmen gegen «dekadente» Künstler durchzusetzen. Sein selbstherrliches Auftreten als «Führer der Akademie» ohne Einbeziehung des Professorenkollegiums führte ihn immer wieder ins Abseits, bis er 1935 als Rektor abberufen wurde. Ein «zäher, aber vergeblicher Eingabenkampf um Wiedereinsetzung» folgte, der schließlich mit Müllers Ausschluß aus der Partei endete.[254]

Grosz war nicht nachtragend. Er hatte – ähnlich wie Schauspieler untereinander – ein ausgeprägtes Solidaritätsbewußtsein. Er sah die Künstler als Außenseiter, als von der Gesellschaft verfolgte Clowns, und er trat

«I'm glad I came back», 1942.
Öl auf Preßplatte. Arizona State College, Tempe

in dem Augenblick für Müller ein, als diesem nach dem Kriege in Dresden wegen «Schädigung der Dresdner Künstlerschaft» der Prozeß gemacht wurde. Hans Grundig, der gegen Müller auftrat, bezeichnete seine Bilder als «mit minuziöser Genauigkeit gemalt, dabei oft widerlich obszön»[255]. Er wiederholte damit einen Vorwurf der Nationalsozialisten. Müller brach in Tränen aus. Er wurde schließlich freigesprochen. Grosz schickte ihm Lebensmittelpakete aus Amerika, für die sich Müller mit Foto und Widmung bedankte. Daß einer der Gründe für den Müller-Prozeß Scharfmacherei auch gegen Grosz gewesen war, ignorierte er.

1937 fand in München die als Wanderausstellung konzipierte Propagandaschau «Entartete Kunst» statt. Von Grosz wurde wieder, wie in Dresden, *Der Abenteurer* gezeigt, dazu vier weitere Gemälde, zwei Aquarelle und dreizehn grafische Arbeiten. Im Verlauf der Aktion gegen verfemte Künstler waren 285 seiner Arbeiten aus deutschen Museen entfernt worden, wovon ein kleiner Teil ins Ausland verkauft wurde. Bei der Massenverbrennung «unverwertbarer Bestände» im Hof der Berliner Hauptfeuerwache im März 1939 wurden vor allem Grafiken vernichtet.[256]

In der offiziellen Kunst des Dritten Reiches war jeder Zugang zu einer redlichen Darstellung der Wirklichkeit blockiert. Brecht notierte: «Es gibt genügend Leute, die strikt und konsequent gegen Realismus sind. Zum Beispiel die Faschisten. Sie haben ein Interesse daran, daß die Realität nicht geschildert wird, wie sie ist... George Grosz hat sich nicht viel weniger formale Freiheiten erlaubt als Franz Marc. Herr Hitler donnert dagegen, daß die Pferde bei Marc nicht so sind wie in der Wirklichkeit, aber er behauptet nicht so laut, daß die Bürger bei Grosz anders sind als in der Wirklichkeit.»[257] «Hitler muß – das sei als Metapher verstanden –, um Grosz auszuschalten, Marc draufgeben. Die Wirklichkeit von Grosz ließ sich mit dem Angriff auf die Un-Wirklichkeit von Marc wirksam bekämpfen.»[258]

In Douglaston wurde Grosz zum einsamen Mann. Er war zwar förmlich aus New York geflohen, konnte aber das Alleinsein schlecht vertragen und unternahm lange Spaziergänge. Grosz war überzeugt von seiner Sensibilität und von seiner Fähigkeit, kommende unheilvolle Ereignisse vorauszuahnen. In den Ölbildern der Jahre 1937 und 1938 tauchen Bosch-ähnliche Höllenszenen auf, er malt apokalyptische Landschaften. 1936 hatte er ein Selbstbildnis vor der Staffelei gemalt, hinter ihm eine brennende Stadt, eine Vision des Spanischen Bürgerkriegs und ein Vorbote des heranrückenden neuen Weltkriegs. Sein Ölbild *Remembering* (1937) zeigt ihn zusammengekauert in einer Ruine sitzend, während eine von ihm abgewendete Figur im Hintergrund einen Toten trägt. Sein Bild *Der Wanderer* (1943) stellt ihn wieder selbst dar, in Stiefeln durch den Morast watend, begleitet von Raben, Feuerschein am Horizont. *Als noch kein Krieg war, ging ich an den Strand, wir lebten direkt am Ozean, in Douglaston bei New York, und da sah ich hinten immer etwas wie Brände. Als wären es Explosionen... vielleicht war es in Wirklichkeit ein Gewitter, eines dieser merkwürdigen amerikanischen Gewitter, die plötzlich auftauchen und dann ungeheuer hageln... Aber für mich wurde es zu einem Symbol... Jetzt kommt etwas ganz Merkwürdiges: ich war auch plötzlich meiner Mutter verbunden in irgend einer Weise, obwohl... «Ach, Mutterherz!» und so, bin ich nicht... Ich hatte eher sogar ein kühles Verhältnis zu meiner Mutter. Aber ich merkte trotzdem, daß meine Mutter noch da war.*[259] Marie Groß war bereits eine alte Frau, als der Krieg ausbrach. Sie ist kurz vor dem Ende zusammen mit ihrer Schwester bei einem Luftangriff der Alliierten auf Berlin-Rummelsburg ums Leben gekommen. In der Nacht ihres Todes will Grosz einen Traum gehabt haben: Er hörte seinen Namen rufen und sah einen riesigen Krater, der alles verschlang.[260] Grosz hat 1946 in Erinnerung an seine Mutter das Bild *Peace II* gemalt: eine Frau im Mantel, mit Kopftuch und Umhängetasche, tot, hervortretend aus einer Ruine wie aus einem offenen Grab.

Der Kunsthistoriker Hans Hess gibt an, das Jahr 1939 habe einen Tiefpunkt im Leben des Künstlers markiert – immer weiter sei er versunken «in Einsamkeit und Trunksucht»[261]. Zugleich ist aber auch bekannt, daß Grosz den größten Teil des Sommers zusammen mit seiner Familie in Wellfleet/Cape Cod verbrachte, wo er sich entspannte, schwamm und zeichnete. Eine Anzahl von Schriftstellern und Künstlern lebte in der Nähe, und Grosz genoß ihre Nachbarschaft, ging auch oft zu Parties, die meist unter freiem Himmel stattfanden.

Seine Einnahmen reichten für seinen gastfreundlichen Lebensstil nicht aus, und er bat Felix Weil, seine kleinen, regelmäßigen Zuwendungen fortzusetzen. Wenn man Grosz' Worten Glauben schenken kann, brachte ihm das Jahr 1939 Glück und Zufriedenheit. *Ich machte mir die Natur zum Freund und Vertrauten während dieses wunderbaren Jahres. Ich saß stundenlang in den Dünen und beobachtete und zeichnete. Ich war erfüllt von innerer Ruhe und Freude. Meine Zeichnungen gaben meine Gefühlslage*

«In the Dunes», 1939. Öl auf Leinwand

Im Atelier in Douglaston

wieder. Die gesamte künstlerische Produktion dieses Jahres war gut. Ich war einmal glücklich.[262]

Im Grosz-Nachlaß befindet sich das unveröffentlichte Skizzenbuch aus Truro/Cape Cod, das von Juni bis September 1939 entstand. Die Blätter wirken japanisch in der Komposition, und die Farbe ist von impressionistischer Leichtigkeit.

Nach dem Sommer begann der Krieg. Eine Welle neuer Emigranten aus Europa traf ein, unter ihnen die Freunde Hans Borchardt und Wieland Herzfelde. Da Herzfelde ohne Beschäftigung war, stellte Grosz ihn an, seine Sammlung von fast zehntausend Zeitungsausschnitten zu ordnen. Diese Abbildungen, die als Vorbilder für Illustrationen gedacht waren, hat Grosz jedoch niemals verwendet. Grosz sagte von sich, daß er ein *Sammler von Natur*[263] sei. «Vater war wie eine Packratte», erinnert sich sein Sohn. «Er hat alles aufbewahrt, selbst kleinste Bleistiftstummel. In Kästchen. Schön bemalt. Mutter wollte immer alles wegwerfen. Er konnte sich aber nicht von all diesen Sachen trennen. Sie waren für ihn ein bißchen wie alte Freunde.»[264]

Ein Besucher hat das Atelier in Douglaston 1943 beschrieben. An der Tür hängt ein Schild mit der Aufschrift: «Vorsicht Bauarbeiten!» Die Fenster sind mit beweglichen Pappblenden versehen, um das Licht zum Malen besser regulieren zu können. An einer Wand hängt die Reproduktion eines Bildes von Rogier van der Weyden, des spätmittelalterlichen flämischen Meisters. Körper stürzen durch Flammen hindurch in die Hölle. Der Druck wird flankiert von einer Werbeanzeige, die fragt: «Sind Sie ein Athlet mittleren Alters?» Und ein Schild verkündet: «Trinkgelder nicht erlaubt!» Neben dem Druck einer Kreuzigung von Matthias Grünewald ein Schild, das fordert: «Ruhe bitte! – Ich meine es ernst!» Grosz war vernarrt in Hufeisen und verwendete sie aus dem herkömmlichen Aberglauben gelegentlich als Glücksbringer in seinen Bildern. Zwei wirkliche Hufeisen, babyblau und rosa bebändert, umrahmen einen Ausschnitt aus dem «Long Island Star-Journal», ein Grosz-Interview mit der Überschrift «Lokaler Künstler erringt breite Anerkennung», daneben eine alte französische Lithographie, auf der schlemmende Feinschmecker über hungernden Gefangenen dargestellt sind. Grosz hat eine Zeitungsüberschrift: «Meine Idee von einer guten Zeit!» dazu geklebt.

In der Mitte des Ateliers steht die Staffelei, darüber hängt ein Nessel-Baldachin, der das Licht verbessern soll. Von den Wänden baumeln an Stricken Ohren, Arme und Beine aus gebranntem Gips, die Grosz fleischfarben getönt hat, und Seesterne, Bruchstücke seltsam geformten Treibholzes. In einer Ecke steht eine Schaufensterpuppe. Eine grüne Decke bedeckt teilweise ihre Nacktheit, ein buntes Kopftuch ist über ein Ohr gebunden. Überall stehen zur Wand gedrehte Bilder; in einem großen Bücherschrank Bände über Kunst und Dämonenlehre. In einer Ecke des Flurs liegt ein großer, zinnoberrot angemalter Felsbrocken, mit der Zahl 30 versehen, weil er 30 Pfund wiegt. *Ich stemme ihn manchmal rauf und runter,* sagt Grosz, *das verkürzt die Sinnlosigkeit des Lebens.* Für ihn sei es die angenehmste Zeit, wenn er nachts allein in sein Atelier gehe. *Statt früh ins Bett zu gehen... begutachte ich meine Bilder kritisch, lehne sie gegen Staffelei, Stühle und Wände. Ich habe einen Drink in der Hand und die Pfeife im Mund.*[265]

Grosz hat seine Öltechnik in Amerika geändert. In Berlin malte er auf weißem Grund. Ab 1937 grundierte er seine Bilder mit einem dunklen Rot, tiefem Braun, einem warmen Grauton oder einem neutralen Grün. Er verwendete eine spezielle, selbstgemachte Tempera. Grosz pflegte seine Bilder mit einer Vorzeichnung zu beginnen, aber während der letzten Schaffensjahre malte er direkt auf die Leinwand. Er arbeitete in Schichten, begann mit einer neutralen Farbe und lasierte dann die leuchtenden Töne darüber. «Nach einem halben Tag Arbeit an einer Leinwand stellt er sie gewöhnlich zum Trocknen und beginnt an einer anderen zu arbeiten. Am nächsten Tag arbeitet er an der ersten weiter. Er verwendet besondere Sorgfalt für die helleren Teile des Bildes, gebraucht ‹Impasto› unter starker Verwendung von Pigment. Den Impasto-Stellen fügt er etwas Sand und trockenes weißes Kreidepulver hinzu. Wenn ein Gemälde nach normalen Maßstäben fertig wäre, überprüft er es noch mehrmals. Er erhöht die Lichter und Spiegelungen mit einem sehr feinen Pinsel aus Zobelhaar, den er in honigartiges Leinöl taucht, das wie kleine Perlen vom Pinsel tropft.»[266]

Grosz hat zu seinen Ölbildern zahlreiche Skizzen angefertigt. Aber trotz gewissenhafter Vorarbeit entwickelte sich oft ein Gemälde in einer vollkommen neuen Richtung, und es sah nach der Vollendung ganz anders aus als geplant.

Ich habe ein Bild gemalt, «A Piece of My World», – ein Stück meiner Welt... Auf diesem Bild sehen Sie uralte Soldaten. Das sind gar keine Soldaten mehr, das sind Schemen.[267] Grosz malt dieses Bild als Erinnerung an das Historiengemälde von Röchling «Die 32er greifen auf der Spichener Höhe an», das im Offizierskasino seiner Mutter hing. Nach zwei Weltkriegen war nichts mehr übriggeblieben von der naiven Begeisterung für das Soldaten-Spielen. *Das sind einfach nur noch Skelette. Sie folgen einem Banner. Einem Banner, das nichts mehr darstellt. Da ist nichts mehr dahinter. Und die gehen immer noch weiter! Sie gehen durch Schmutz, durch Dreck, aber sie gehen immer noch weiter. Und so ist es interessant, wie ein Bild, also ein Traum einer Kindheit... daß das Bild durch die Zeit mitgeht.*[268] Grosz arbeitete 1944 auch an einem Hitler-Bild, *Kain*. Es zeigt Hitler als schwitzenden deutschen Kleinbürger, der in einer Höllenlandschaft sitzt, die er sich selbst bereitet hat; unzählige fotografisch genau gezeichnete winzige Skelette klettern an seinen Beinen hoch.

Seit 1941 arbeitete Grosz an seiner Autobiographie. Sie kam 1946 bei Dial Press unter dem Titel *A Little Yes and a Big No* heraus, von Lola Sachs Dorin ins Englische übertragen. Eine italienische Übersetzung folgte 1948. Den Groszschen Urtext gab der Rowohlt Verlag 1955 heraus: *Ein kleines Ja und ein großes Nein*. Es ist ein unterhaltsam geschriebenes Buch, in vielen Passagen dem Erzählstil von Grosz sehr ähnlich. Einen bitteren, nicht ganz glaubwürdigen Beigeschmack hat es wegen der wiederholten Beteuerungen, daß er die Menschen nicht verbessern wolle, und wegen des deutlichen Abrückens von seinen satirischen Zeichnungen. Herzfelde bezieht sich auf ein Gespräch, das er mit Grosz über dessen Autobiographie geführt hat. Grosz habe ihm versichert, daß er alles nur für Geld mache. Er werde so dick auftragen, daß jeder merken könne, wie er es wirklich meine. Besonders auffallend ist der pessimistische Schluß des Buches: *... bevor alles ausgelöscht ist auf der grauen Tafel der nahenden Zeiten, weggewischt von einem blutgetränkten Schwamm.*[269]

«Kain oder Hitler in der Hölle», 1944. Öl auf Leinwand

Damit habe Grosz das Ende allen Lebens gemeint, da er tief resigniert war nach dem Abwurf der ersten Atombomben. Von 1946 bis 1949 malte und zeichnete Grosz die sogenannten *Stockmänner*. Der Stockmann ist eine symbolische Figur für die Ausweglosigkeit der menschlichen Existenz und gleichzeitig Ausdruck seiner gescheiterten Hoffnung als Künstler. Er bezeichnete sich selbst als den *Maler des Lochs* und sagte resigniert: *Ich grüße dich, du leere Stelle, wo früher meine Zeichnung war.*[270]

Auf die Frage, wie man herausfinden könne, ob und wo Grosz in seiner Autobiographie wahrhaftig gewesen sei und wo nicht, antwortete Wieland Herzfelde: «Die Antwort fällt mir schwer. Praktisch verkauft sich der Künstler, wenn er von seiner Kunst leben will, immer, und es fragt sich nur, ob er an den Käufer Konzessionen macht. Wie ich Ihnen erzählte, hat sich Grosz auf eine seiner Visitenkarten schon in den zwanziger Jahren die Bemerkung drucken lassen ‹Wie denke ich morgen?›. Damit sagt er immerhin, daß er ein denkender Künstler zu sein wünscht. Ich glaube, das ist er gewesen und bis zu seinem Ende geblieben. Aber er hat, besonders unter dem Einfluß von Alkohol, vor allem aber unter dem Einfluß von Ereignissen, seine Gedanken oft widersprüchlich formuliert. Ich

«Der Maler des Lochs», 1947/48. Aquarell. Busch-Reisinger-Museum, Cambridge, Mass.

glaube niemals im Sinne der Anpassung an zahlungskräftige Kundschaft oder andere Mächte. Vielmehr war er auch ein großer Zweifler, nicht zuletzt an sich. Und durchaus wahrhaftig war er auch dann, wenn er schauspielerte... Es fragt sich, wie weit man gewillt ist, zu seinem Wesen Ja zu sagen oder Nein. Ich glaube, wo er sich verstellte, ja, selbst wo er Freunden gegenüber zugab, daß er log oder nur die halbe Wahrheit sagte, hatte das seine Gründe. Aber wohl kaum verachtenswerte Gründe. Das ist ja nicht nur das Problem des Künstlers oder irgendwelcher anderen bewundernswerter Persönlichkeiten, es ist ja im viel höheren Maße ein Problem der Politik. Und wenn die Politik es sich gestatten darf, Menschen zu bedrohen, so kann man sich nicht wundern, wenn diese Menschen so ähnlich reagieren wie Grosz es auf den zwei Seiten des Vorworts getan hat.»[271]

1947 zog Grosz um, und der Pianist Claudio Arrau kaufte das Haus in Douglaston, das Grosz gemietet hatte. Grosz bezog «The Cottage», Hilaire Farm, in Huntington. «Der Tag ging dort langsam vorbei, hinter den schwebenden Baumkronen lag die Unendlichkeit des amerikanischen Himmels. Abends belebte sich das Haus, die Freunde kamen aus der Nähe und von New York. Das Haus lag direkt im Schatten des Waldes, und die Wagen fuhren eine kleine Rampe hinauf, als handelte es sich um ein Schloß. Es war aber eine umgebaute Garage, nicht sehr gemütlich, aber genug für Grosz, der – trotz seiner wilden, oft in Zeichnung und Schrift ausgedrückten Wünsche nach Luxus – es vorgezogen hatte, einfach zu leben. Die Einsamkeit, von der Grosz sprach und über die er klagte, war, wie ich es heute sehe, selbst gewählt.»[272]

Grosz hatte eine besondere Beziehung zum Tode. Er verstand sich als ein Maler des modernen Totentanzes. Bei dem Haus in Huntington stand eine alte Linde. Es war ein sehr großes, einsam gelegenes Grundstück. Abends saß die Familie mit europäischen Freunden beim Kerzenlicht unter diesem Baum, und der Sohn Peter erinnert sich, daß eine wunderbare, heimatliche Geborgenheit von diesen Abendstunden ausging. Dann verschwand Grosz plötzlich und zeigte sich aus der Ferne kurz mit einer Totenmaske, so daß die Leute nicht mehr genau wußten, ob sie etwas gesehen hatten oder ob es nur eine eingebildete Erscheinung gewesen war. Er nahm wieder Platz in der Runde und erwähnte die Szene mit keinem Wort.[273]

Immer wieder hat er gesagt: *Ich habe zuviel gehaßt.*[274] Er wollte davon los, aber es gelang ihm nicht. In einem Skizzenbuch zeichnete er sich als Maus in der Falle. *Ich war immer bedrückt und immer aufgerührt von einem Gefühl der Sinnlosigkeit im Leben.*[275]

Eines der wichtigsten Bilder der Nachkriegsperiode ist *The Pit*, das Grosz selbst mit *Der Schlund* übersetzt hat. Es zeigt die Welt als Hölle. Über einer roten und braunen Höhlenlandschaft schwebt der Tod. Am Rande des Kraters hausen menschliche Figuren, saufend, liebend. Ein

Spuk in Huntington. Grosz und sein Schüler Marshall Glasier

heimkehrender Soldat trägt sein abgeschossenes Bein unter dem Arm. Zwischen den Ruinen baumeln Erhängte.

Grosz war aber auch einer der besten Gesellschafter, wenn er sich wohl fühlte, umgeben von einem Kreis, dem er vertrauen konnte. Er sprudelte nur so von Ideen und Witzen. Über alles hatte er seine «Theorien». So behauptete er zum Beispiel, das Deutsche sei eine Luftsprache. Beim Sprechen würden die Deutschen zu viel Luft verbrauchen. Daher rühre ihr ständiger Durst und ihr großer Bierverbrauch. Oft war Grosz im Haus des Rechtsanwalts und Sammlers Bernard Reis in New York zu Besuch. *Es ging frei und zwanglos bei ihm zu... das Fehlen großer Förmlichkeit war erfrischend. Der Kreis hatte etwas an sich vom Geist alter europäischer Intellektuellen-Zirkel. Daß in solch einem Haus gutes Essen und Trinken mit der Kunst einhergingen, brauche ich nicht zu erwähnen.*[276] Noch bevor Jackson Pollock als Maler berühmt wurde, kannte Grosz ihn. Sie trafen sich zum erstenmal im Haus von Bernard Reis. Zunächst wollte Pollock, der stark trank, absagen. Als er hörte, daß Grosz da sei, ließ er sich am Telefon überreden zu kommen. Als er eintraf, waren seine ersten Worte: «Gebt mir einen Schluck Whisky!» Pollock schüttete das Glas hinunter, begrüßte Grosz, und nach kurzem Gespräch waren alle Spuren der Trunkenheit von ihm gewichen.[277]

Reis erledigte für Grosz eine Zeitlang die Steuerformalitäten. Danach versteuerte Grosz 1956 unter der Nummer 8551 Federal New York State 7340,96 Dollar für durch Galerien verkaufte Bilder und Grafiken. Nach der Praxis des amerikanischen Kunsthandels sind davon etwa 50 Prozent abzuziehen, so daß etwa 3670 an Grosz ausgezahlte Dollar verbleiben, plus 3000 Dollar Gehalt für seine Lehrtätigkeit an der Art Students' League. Dazu kamen noch einige, nicht versteuerte, private Verkäufe, die jedoch nach Aussagen seiner Freunde und seiner Familie ziemlich unerheblich waren. Daraus folgt: Grosz war nicht arm, er war aber auch kein reicher Mann, für den er sich gern halten ließ. In Europa trat er als eleganter, erfolgreicher Amerikaner auf, mit einer grellen Krawatte, wie er sie niemals in New York getragen hätte. 1951 reiste er durch Italien, die Schweiz, Frankreich, Belgien und Holland, besuchte Freunde, sah sich als Tourist getarnt um. Inkognito kam er auch nach Berlin, traf die Herzfeld-Brüder, Gottfried Benn, Eduard Plietzsch und Max Pechstein und kehrte im November nach Amerika zurück.

«Maus in der Falle». Skizzenbuch 1955

Art Students' League, 1958

Im Sommer 1952 wurde das Haus, das er in Huntington gemietet hatte, zum Verkauf angeboten. Er entschloß sich, zu bleiben, das Grundstück zu kaufen und «The Cottage» nach seinem Geschmack umzubauen. Das Vorhaben finanzierte er aus den Einnahmen einer privaten Malschule, die er in seinem Atelier eröffnet hatte, und dem Honorar eines Auftrags. Leon Harris, der Kaufhausbesitzer, hatte Grosz gebeten, Bilder von Dallas/Texas zu malen. «Dallas, seine Menschen, seine Industrie, sein Charakter» lautete das Thema. Das war etwas Zweckgerichtetes, eine klare Sache, wie sie Grosz sich schon lange gewünscht hatte. In seinen Aquarellen kehrte er zurück zu den New Yorker Straßenszenen seiner ersten Amerika-Jahre. Die ungewöhnlichste Arbeit der *Dallas-Impressionen* war das Bild *Baumwoll-Ernte*, das Landarbeiter mit gebeugten Rücken zeigt, eine deutliche Hommage an Millet und sein Werk «Die Ährenleserinnen» (1857).

Im Januar 1954 veranstaltete das Whitney Museum of American Art in New York die erste umfassende Grosz-Retrospektive der Jahre 1918 bis 1953. Zusammen mit der Wahl zum Mitglied der American Academy of Arts and Letters war es ein Jahr der Anerkennung seiner Arbeit. Die als Verkaufs- und Wanderausstellung organisierte Retrospektive machte ihn einem breiten Publikum bekannt, brachte jedoch keinen finanziellen Erfolg. Zu sehr waren bereits andere Kunstströmungen modern geworden. Grosz äußerte sich über gegenstandslose Malerei nur selten. «Er sagte mir nur verschiedentlich, daß ihm die Abstraktion ‹nicht liege›. Das war eine milde Bezeichnung für die Zweifel, mit denen Grosz zu kämpfen hatte.»[278] 1957 veröffentlichte Grosz einen Beitrag über Kunst in einem enzyklopädischen Jahrbuch, der seine tiefe Resignation zeigt:

Es mag sein, daß Kunst – wenigstens Malerei – verschwinden wird, zumindest in dem Sinne, wie wir sie kennen. Vielleicht würde es gut sein, für ein oder zwei Generationen mit dem Bildermachen aufzuhören und Malen nur zu therapeutischen Zwecken zu benutzen, in Fällen von Geisteskrankheit insbesondere. In kleinen Zuteilungen, wie eine kostbare Arznei. 1957 malten die meisten amerikanischen Maler. Sie malten und malten. Ihr Inhalt: nichts... Diese wenigen Maler, die ihre Werke weiterhin mit Inhalt ausstatteten oder die dagegen Widerstand leisteten, eingeordnet zu werden in die neueste und kundenheischende gegenstandslose Schule – Jack Levine, Ben Shahn, Morris Graves und andere einschließlich mir selbst – galten als exzentrische Sonderlinge.[279]

1954 brachte Ernst Josef Aufricht auf Einladung der Berliner Festwochen in der «Komödie» John Latouches Ballett «Bilderbogen aus Amerika» heraus und bat Grosz, Kostüme und Bühnenbilder zu entwerfen. Es war eine Zusammenarbeit alter Bekannter; denn Aufricht, von 1926 bis 1932 Direktor des «Theaters am Schiffbauerdamm», hatte Bert Brechts «Dreigroschenoper» uraufgeführt und «Mahagonny» inszeniert. 1933 war er nach Frankreich emigriert, später in die USA.

Grosz kam zum ersten Male 1954 mit dem Flugzeug über den Atlantik. In Hamburg empfing ihn Heinrich Maria Ledig-Rowohlt. Es war Grosz' erster offizieller Besuch in Deutschland. In Berlin veranstaltete der Senat einen Vormittagsempfang für ihn. Er reiste weiter nach München und sah das 1937 von Hitler feierlich eröffnete «Haus der Deutschen Kunst». Bei seinem Malerfreund Kurt Kyriss in Osterhofen beschloß er, *einen Zeichenkurs nach der Natur zu nehmen*[280].

Kurze Zeit weilte er in London, wo er Dekorationen für Remus Film «I am a Camera» entwarf, einer Verfilmung von Christopher Isherwoods Roman «Goodbye to Berlin». Doch es zog ihn zurück nach Deutschland. Im November war er wieder in Berlin. Als er die zerstörte Vaterstadt durchstreifte, kam ihm nur der Gedanke, *die Ruinen Berlins alle farbig zu besprühen mit Gold und Silberbronze*[281].

Eine ähnliche Verfremdungsidee hatte Christo viele Jahre später mit seinem Vorhaben, den Reichstag zu verpacken. Grosz indessen fand sich zwischen den Ideologien von Ost und West. Er trug ein kleines silbernes Brandenburger Tor am Revers seines Sakkos, eine Aktion des Kuratoriums Unteilbares Deutschland: «Macht das Tor auf!» Als Berliner konnte er sich die Stadt nur als Ganzes vorstellen. Seine alten kommunistischen Freunde verübelten ihm die Entscheidung für den Westen und seine Bereitschaft, sogar eine Professur an der Hochschule für Bildende Künste anzunehmen. München gefiel ihm besser, die Menschen auf der politischen Insel Berlin erschienen ihm dagegen grau und depressiv.

«Blick ins Negerviertel von Dallas», 1952. Aquarell

Im Dezember fuhr er nach Hemmenhofen am Bodensee, wohin sich Otto Dix als «innerer Emigrant» seit dem Beginn der Nazi-Herrschaft zurückgezogen hatte. «Man wird nie ganz klug, was ist bei ihm Maske, Eulenspiegelei, und was ist seine wirkliche Ambition», schätzte Dix den Malerfreund ein. Grosz zeigte ihm eine doppelseitige Bier-Reklame, und in Vorahnung der amerikanischen Pop-art bewunderte er die grafische Perfektion: *So möchte ich malen können.* Dix war über diese Aussage geradezu schockiert; denn er hatte soeben eine neue expressive Phase seiner Primamalerei begonnen. Sinngemäß entgegnete er, daß es für ihn nichts Höheres gäbe, als im Sinne Kokoschkas ein Kunstwerk aus dem Nichts zu schaffen: «Nichts weiter, nur einen Blumenstrauß in die Mitte setzen. Das ist das größte.»[282]

Das Ende

Als ein Vorbote der Pop-art ist später eine Serie von Collagen angesehen worden, die Grosz 1958 geschaffen hat. Er klebte eine Persiflage auf Marc Chagall – den er nicht mochte – als Hahn und stellte sich selbst auf einem anderen Blatt als Clown mit dem Körper eines Revuegirls dar, in der Hand eine Whisky-Flasche, im Hintergrund das nächtliche New York. Wieder sah er sich bitter in der Rolle des Künstlers als Entertainer.

Im Mai 1959 wurde ihm vom National Institute of Arts and Letters die Goldmedaille verliehen. Der Schriftsteller und Dramatiker Arthur Miller, der ebenfalls geehrt wurde, war mit seiner Frau Marilyn Monroe erschienen. Grosz bat Marilyn um ein Autogramm. Als sie eingewilligt hatte, rollte er den Ärmel seines Oberhemds hoch und ließ sie auf die Haut signieren. Es war seine alte Vorliebe für das Tätowiertwerden, er war nunmehr «gezeichnet». Die Filmgöttin Marilyn Monroe stellte für Grosz ein Symbol der Konsumgesellschaft dar, wie später für Andy Warhol in seiner populären Siebdruckserie.[283]

«Mein Vater ist in Amerika eigentlich ein einsamer Mann gewesen. Während er im Berlin der zwanziger Jahre täglich mit den führenden Leuten von Kunst, Theater und Literatur zusammen war, Ideen austauschte und realisierte, hat er in den USA – vielleicht abgesehen von John Dos Passos – nur Leute zweiter Garnitur um sich gehabt.»[284] Die Neigung zum Alkohol hat sich im Alter weiter verstärkt. Seine Frau war, da sie keinen Einfluß auf ihn hatte, so verzweifelt, daß sie schließlich einen Selbstmordversuch unternahm. Aber auch das tat er als unwichtig ab und reagierte auf Vorhaltungen im Familienkreis sehr gereizt.

Die Entscheidung, 1959 wieder, und diesmal für immer, nach Berlin zurückzukehren, wurde von seinem Zustand überschattet. So dauerte es Wochen, ehe er alle seine Bücher, Mappen, Bilder und Notizen durchgesehen hatte. Es mußte entschieden werden, was mitgenommen werden sollte, welche Dinge in welchen Zusammenhang gehörten und so fort. «Alles war wie ein Abschiednehmen von seinem Leben und seiner Arbeit, so als ob er geahnt hätte, daß es eine Reise nicht nur in die alte Heimat werden sollte, sondern auch in den Tod. Die Abschiedsworte auf dem Schiff zu den Zurückbleibenden waren ahnungsvoll.»[285]

Grosz und Ledig-Rowohlt, 1954. Der Spazierstock stammt aus dem Besitz von Frank Wedekind

Grosz' Wohnhaus und Atelier in Huntington, 1959

In Berlin angekommen, spielte er nach außen hin den noch von Kraft erfüllten Mann. Für den 5. Juli verabredete sich Grosz mit dem Journalisten Martin G. Buttig zu einem Lokalbummel. Dieser überredete den Plastiker Joachim Dunkel, der Grosz noch nicht kannte, mitzukommen. In Grosz' Wohnung gesellte sich Robert Bell zu ihnen. Vom Nachmittag bis zum Abend plauderte und trank Grosz mit seinen Begleitern dann im Garten des Restaurants «Habel am Roseneck». Er spielte ihnen die Szene von der Begegnung mit Thomas Mann in Manhattan vor, die er in seiner Autobiographie beschrieben hat.[286]

«Grosz entzündete sich die soundsovielte Zigarre, eine gelbbraune, sehr starke Havanna, die er heftig pries und anbot. Wieviel Flaschen Wein wir eigentlich geleert hatten, wußte sicher keiner von uns. Grosz bestellte Schnäpse. Eva Grosz fragte behutsam an, ob man wohl den Heimweg antreten möchte. Grosz stimmte zu und meinte, man hätte lange genug am gleichen Ort gesessen. Als wir draußen auf dem Hohenzollerndamm standen und seine Frau ihn fragte, ob es für diesen Tag nicht sein Bewenden haben und er mit ihr heimkommen könnte, sprach er sogleich vom schönen Abend, der gerade begonnen hatte und unmöglich

Das letzte Foto von George Grosz in den USA: In seinem Atelier in Huntington, 1959

abrupt zu beenden wäre. *Ich muß euch unbedingt eine interessante Sache zeigen*, sagte er...»[287] Er meinte ein Foto im Lokal des ehemaligen Champions Franz Diener, das Grosz in Boxstellung zeigte und noch aus der Zeit stammte, als er das Schmeling-Porträt malte. Tatsächlich fand sich das gestellte Foto zwischen vielen gerahmten Bildern ehemaliger Prominenter im Schankzimmer wieder. Grosz nahm noch einmal die alte Pose ein und verkündete, daß er Dieners Restaurant zu seinem Stammlokal erkläre. «Der Wirt forderte ihn auf, sich an der Autogrammwand einzutragen. Grosz versprach dies, und eine Zeichnung obendrein. Schon sehr bald wolle er kommen, vormittags, wenn man nicht gestört werde. Natürlich bestellte er Sekt, mit böhmischem Bier...

Es war wenig nach Mitternacht, als wir das Restaurant verließen und den kurzen Weg zu seinem Haus schlenderten. Unter sternenübersätem Himmel umarmte uns Grosz. Dann stieg er die Stufen empor, wandte sich noch einmal um, klappte die Hacken zusammen, lüftete den Hut und begann mit *Ladies and Gentlemen* eine Ansprache, in der er den Tag und die Freundschaft, die Nacht und die Sterne, Berlin und die Menschen schlechthin lobte. Nachher öffnete sich die Haustür einen Spalt weit. Er streckte seinen Strohhut mit dem breiten schwarzen Band heraus und winkte damit. Darauf drehte sich der Schlüssel von innen im Schloß. Wir sahen noch seinen Schatten, wie er die Treppe erstieg.» Mit der Feststellung, daß Grosz einige Stunden später tot gewesen sei, endet die Schilderung.[288]

Im Morgengrauen entdeckte ihn eine Zeitungsfrau, zusammengebrochen im Flur des Nebeneingangs. Er muß allein noch einmal weggewesen sein, kein Ende findend, sich selbst überschätzend. Ein Eismann kam, der verständigte Maurer, die zur Arbeit gingen. Als Grosz in die Wohnung getragen wurde, lebte er noch; kurz darauf starb er, erstickt an seinem Erbrochenen. Der Arzt schrieb Herzinfarkt auf den Totenschein.

Der Sohn Marty Grosz erinnert sich an die Verfassung seines Vaters kurz vor dessen Tod: «Er fühlte sich schlecht dabei, nach Deutschland zurückzugehen, aus vielerlei Gründen: Es schien für ihn so etwas wie das Zugeständnis seiner Niederlage. Hier war ich schon mal berühmt; jetzt bin ich wieder hier und höre die alten Leute sagen, daß ich berühmt bin – aber aus ganz anderen Gründen: Er war der schlagkräftige Anti-Kapitalist, Anti-Bourgeois, und nun kaufen die Kapitalisten seine Bilder und hängen sie zu Hause hin. Er ist eine gute Investition geworden. Das wußte er alles. Ich weiß nicht, wohin er gegangen wäre, wenn er die Wahl gehabt hätte. Ich kann es nur vermuten: tiefer und tiefer in die Wälder. So etwas vielleicht.»[289]

Am Ufer des Sausuhlensees, auf dem Friedhof an der Trakehner Allee, unmittelbar neben seinem Freund und Entdecker, dem Dichter Theodor Däubler, wurde Grosz in einem Ehrengrab der Stadt Berlin beigesetzt.

Es bleibt zu hoffen, daß durch seine Kunst eine Vorstellung von den deutschen Katastrophen, von den Ursachen des Leides und von den verzweifelten Kämpfen gegen das Verhängnis in den Köpfen und Herzen der nachfolgenden Generationen lebendig bleiben wird.

Anmerkungen

1 Brief Marte Fimmens an den Verfasser vom 27. Dezember 1974

2 Vgl. George Grosz: Self portrait of the artist. In: Americana, Vol. 1, No. 1, 1932

3 George Grosz: Ein kleines Ja und ein großes Nein. Hamburg 1955, S. 9 (im folgenden als «Autobiographie» zitiert)

4 Autobiographie, a. a. O., S. 10

5 Tonbandinterview des Verfassers mit Lilian und Peter Grosz in Princeton, N. J. am 29. Oktober 1974 (im folgenden als «Interview Grosz Estate» zitiert)

6 Ulrich Becher: Der große Grosz und eine große Zeit. Reinbek 1962, S. 7

7 Autobiographie, a. a. O., S. 11 f.

8 George Grosz: Notizen zur Verteidigung im Prozeß am 3. Dezember 1930. Manuskript Grosz Estate, Princeton/N. J.

9 George Grosz: Interview Bayrischer Rundfunk, 9. November 1954

10 Wieland Herzfelde: Immergrün. Berlin 1949, S. 137

11 Autobiographie, a. a. O., S. 21

12 Ebd., S. 13

13 Ebd., S. 15

14 Ebd., S. 17

15 Ebd., S. 18

16 George Grosz: Jugenderinnerungen. In: Das Kunstblatt 6 (1929), S. 174

17 Autobiographie, a. a. O., S. 21

18 Siehe ebd., S. 36

19 Ebd., S. 18 f.

20 Ebd., S. 21

21 Becher, a. a. O., S. 8 f.

22 Autobiographie, a. a. O., S. 41

23 Ebd.

24 Ebd., S. 43

25 Ebd.

26 Ebd., S. 50

27 Ebd., S. 38

28 Ebd., S. 53

29 Ebd., S. 54

30 Siehe ebd., S. 59 f.

31 Ebd., S. 65

32 Ebd., S. 71

33 Ebd., S. 88

34 Ebd., S. 89

35 Ebd., S. 92 f.

36 Gespräch des Verfassers mit Curt Großpietsch am 11. November 1974

37 Autobiographie, a. a. O., S. 21

38 Herbert Knust (Hg.): George Grosz, Briefe 1913–1959. Reinbek 1979, S. 315 f.

39 Hans Hess: George Grosz. Dresden 1982, S. 19

40 Autobiographie, a. a. O., S. 66

41 Thomas Schröder: Der Abgrund in Herrn Müller. In: ZEIT-Magazin, Nr. 45, 1. November 1974, S. 67 f.

42 Ulrich Becher/George Grosz: Flaschenpost. Basel 1989, S. 182 ff.

43 Autobiographie, a. a. O., S. 86

44 Brief von Karl Hubbuch vom 19. Februar 1970 an Hans Kinkel, zit. nach: Der frühe Hubbuch. Ausstellungskatalog, Kunsthalle Bremen 1973, o. S.

45 Autobiographie, a. a. O., S. 96

46 Ebd., S. 95

47 Gespräch des Verfassers mit Fritz Harig, Kunstsammler und Antiquar, am 18. März 1975

48 Gleichlautend der Titel einer seiner Zeichnungen. Ludwig Meidner: Ein denkwürdiger Sommer. In: Der Monat, 16. Jg., H. 191, August 1964, S. 75

49 George Grosz: Briefe aus Amerika III. In: Kunst und Künstler, 31. Jg., H. 12, Dezember 1932, S. 434 f.

50 Autobiographie, a. a. O., S. 97

51 Herzfelde, a. a. O., S. 139

52 Abwicklung. Zuerst abgedruckt im Ausstellungskatalog der Kunsthandlung Würthle, Wien 1923

53 Ebd.

54 Autobiographie, a. a. O., S. 100

55 Ebd., S. 178

56 Interview Grosz Estate

57 Abwicklung, a. a. O.

58 Ebd.

59 Autobiographie, a. a. O., S. 101

60 Brief Krankenbuchlager Berlin an Peter Grosz vom 3. April 1975; siehe auch Beth Irwin Lewis: George Grosz. Art and Poli-

tics in the Weimar Republic. Princeton 1991, S. 23

61 Hans Hess: George Grosz. London 1974, S. 47 (fehlt in der deutschen Ausgabe)

62 Brief an Otto Schmalhausen, 15. März 1917. Grosz-Archiv, Akademie der Künste Berlin

63 Abwicklung, a. a. O.

64 Herzfelde, a. a. O., S. 134

65 Ebd., S. 135

66 Brief an Robert Bell, September 1915. Grosz-Archiv, Akademie der Künste Berlin

67 Im Nachlaß befindet sich eine große Anzahl von Skizzenbüchern, in denen er Zeichnungen, Notizen, Gedichte und Adressen sammelte. 1915 und 1916 betitelte er insgesamt sieben dieser Hefte als «Krankenjournal des Dr. William Thomas, U.S.A.». Im Februar 1916 verlegte er die Adresse nach Ottawa, USA, und die letzte Anschrift war «Montreal, Canada, Berlin».

68 Herzfelde, a. a. O., S. 141

69 Becher, a. a. O., S. 9

70 Herzfelde, a. a. O., S. 142

71 Ebd.

72 Abwicklung, a. a. O.

73 Hugo Ball: Die Flucht aus der Zeit. Luzern 1946, S. 70

74 Ebd., S. 104

75 Leo Zahn in: Das Kunstblatt. 3, 1920

76 Willi Wolfradt: George Grosz. Reihe Junge Kunst, Leipzig 1921, S. 7

77 Bereits 1926 wurde die Monographie aufgrund des § 184 RStGB als unzüchtig verdächtigte Schrift auf den Index gesetzt. Siehe hierzu Wolfgang Hütt (Hg.): HINTERGRUND. Berlin 1990, S. 36f.

78 Richard Huelsenbeck: Reise bis ans Ende der Freiheit. Autobiographische Fragmente. Heidelberg 1984, S. 166

79 Das Zitat stammt von Seite 146

80 Wieland Herzfelde in einem Vortrag in der Majakowski-Galerie in Berlin, 15. November 1974

81 Theodor Däubler: George Grosz. In: Die weissen Blätter, Jg. 3, Nr. 11, 1916, S. 167

82 Der Malik-Verlag 1916–1947. Ausstellungskatalog der Deutschen Akademie der Künste, Berlin (DDR) 1966 (im folgenden Malik-Katalog genannt)

83 Autobiographie, a. a. O., S. 104

84 Die Aktion, 6. November 1915, S. 572

85 Gedichte und Gesänge (1916–1917). Litomysl 1932

86 Zuerst veröffentlicht in: 1918. Neue Blätter für Kunst und Dichtung, Jg. 1, Dresden, November 1918, S. 154f.

87 Gesänge (1930); Gedichte und Gesänge (1932). Beide Veröffentlichungen im Josef Portman Verlag, Litomysl

88 Klaus Peter Dencker (Hg.): George Grosz. Ach knallige Welt, du Lunapark. Gesammelte Gedichte. München, Wien 1986

89 Kopie Archiv d. Verf.

90 Knust, a. a. O., S. 34

91 Siehe Wieland Herzfelde: John Heartfield. Dresden 1970, S. 15

92 Ebd., S. 16

93 Knust, a. a. O., S. 31

94 Interview Bayrischer Rundfunk, 1954

95 Malik-Katalog, a. a. O., S. 16

96 Vgl. Marianne Kesting: Bertolt Brecht. Reinbek 1959, S. 14

97 Knust, a. a. O., S. 46

98 Grosz Archiv, Akademie der Künste, Berlin

99 Autobiographie, a. a. O., S. 110

100 Siehe Lothar Lang: George Grosz. Berlin 1966, S. 15

101 Autobiographie, a. a. O., S. 114

102 Siehe Beth Irwin Lewis, a. a. O.

103 Siehe Autobiographie, a. a. O., S. 103

104 Ebd., S. 109

105 Ebd.

106 The Houghton Library, Harvard University, Cambridge, Mass.

107 Herzfelde: John Heartfield, a. a. O., S. 18f.

108 Malik-Katalog, a. a. O., S. 21

109 Siehe Franz Jung: Der Weg nach unten. Neuwied am Rhein 1961

110 Knust, a. a. O., S. 56f.

111 Leo Zahn: George Grosz. In: Der Ararat. 1. Sonderheft 1920, S. 1

112 Siehe Werner Hofmann: Einschränkende Bemerkungen. In: Zeugnisse der Angst in der modernen Kunst. Darmstadt 1963, S. 52f.

113 An Otto Schmalhausen, 18. Februar 1917, in: Knust, a. a. O., S. 47

114 Grosz nannte in der ersten Zeit ihrer Ehe seine Frau Eva meist «Maud» oder in Umkehrung «Daum»

115 Briefe im Grosz-Archiv, Akademie der Künste Berlin

116 Herzfelde: John Heartfield, a. a. O., S. 19

117 Wolfradt, a. a. O., S. 12

118 Autobiographie, a. a. O., S. 116

119 Mynona: George Grosz. Dresden 1922, S. 46

120 Willi Wolfradt: George Grosz, Der Abenteurer. In: Der Ararat Nr. 4, Januar 1920, S. 3

121 Ebd., S. 5

122 Grosz an Schmalhausen, 18. Februar 1917, in: Knust, a. a. O., S. 46

123 Hess, a. a. O., S. 41 und 44

124 Siehe Beth Irwin Lewis: Lustmord: Inside the windows of Metropolis. In: Charles W. Haxthausen/Heidrun Suhr (Hg.): Berlin Culture and Metropolis. Minneapolis 1991, S. 111–140

125 Herzfelde: John Heartfield, a. a. O., S. 17

[126] Richard Huelsenbeck: Erinnerung an George Grosz. In: Neue Zürcher Zeitung, Abendausgabe, Nr. 2191 vom 14. Juli 1959
[127] Ebd.
[128] Grosz an Robert Bell (1916/17), in: Knust, a. a. O., S. 45
[129] Huelsenbeck, a. a. O.
[130] Walter Mehring: BERLIN DADA. Zürich 1959, S. 51
[131] Ebd.
[132] Raoul Hausmann: Am Anfang war Dada. Steinbach 1972, S. 19
[133] Ebd., S. 18
[134] Ball, a. a. O., S. 92
[135] Abwicklung, a. a. O.
[136] Grosz/Heartfield: Die Kunst ist in Gefahr. Berlin 1925
[137] Der in der Literatur nach den Angaben von Wieland Herzfelde immer wieder genannte Tag des Parteieintritts am 31. Dezember 1918 ist fraglich, da zu diesem Zeitpunkt die Redaktion des «Lokal-Anzeigers» nicht mehr von den Spartakisten besetzt war. Grosz selbst gibt 1919 an. FBI-Questionnaire, Nr. 11, Brief an Alfred McCormack vom 7. Mai 1955, in: Knust, a. a. O., S. 489f.
[138] A. J. P. Taylor: The Course of German History. London 1945, S. 183
[139] Mehring, a. a. O., S. 65
[140] 1921 erschien die Zeichnung mit dem Text «Aus dem Leben eines Sozialisten» noch einmal in der Mappe «Das Gesicht der herrschenden Klasse» im Malik-Verlag
[141] Angaben nach Lewis: George Grosz, a. a. O., S. 74. Für detaillierte Informationen siehe: Chronik S. 110–115 in: Revolution und Fotografie Berlin 1918/19. Neue Gesellschaft für Bildende Kunst, Berlin 1989 (Ausstellungskatalog)
[142] Harry Graf Kessler: Tagebücher 1918–1937. Frankfurt a. M. 1961, S. 119
[143] Gespräch des Verfassers mit Wieland Herzfelde, Ende April 1976
[144] Autobiographie, a. a. O., S. 109
[145] Kessler, a. a. O., S. 157f.
[146] Ebd., S. 159
[147] Vgl. auch Lewis: George Grosz, a. a. O., S. 75
[148] Kessler, a. a. O., S. 161
[149] Zit. nach dem Abdruck bei Wolfradt: George Grosz, Leipzig 1921, S. 14f.
[150] Öl auf Leinwand mit ausgeschnittenen und aufgeklebten Zeitschriftenannoncen und Knöpfen (Paris, Musée National d'Art Moderne, Centre Georges Pompidou)
[151] Autobiographie, a. a. O., S. 52
[152] Katalog zur Ersten Internationalen DADA-Messe, Berlin 1920, o. S.
[153] Autobiographie, a. a. O., S. 187f.
[154] Brief von Eva Peter im Grosz-Archiv, Akademie der Künste Berlin
[155] In: Der Gegner, I. Jg., H. 10–12, S. 55
[156] In: Die Rote Fahne vom 9. Juni 1920
[157] In: Die Rote Fahne vom 23. u. 24. Juni 1920
[158] Autobiographie, a. a. O., S. 115
[159] Zit. nach dem Nachdruck Frankfurt a. M. 1973, S. 143
[160] Ebd., S. 157
[161] Ebd., S. 128f.
[162] Fritz Windisch: Schall und Rauch. In: Freiheit, Dezember 1919, S. 2
[163] Hausmann, a. a. O., S. 21
[164] Kurt Tucholsky: Gesammelte Werke. Bd. 1, Reinbek 1972, S. 703
[165] Zit. nach: Der Gegner II. Jg., H. 4, 1920/21, S. 119f.
[166] Tucholsky, a. a. O., S. 751
[167] Ebd., S. 801
[168] Günther Anders: George Grosz. Zürich 1961, S. 9
[169] Hans Richter in: Begegnungen von Dada bis heute. Köln 1973, S. 92
[170] Interview in: The New Yorker, 27. November 1943, S. 32
[171] Autobiographie, a. a. O., S. 153
[172] Ebd., S. 154
[173] Aus einem Brief von Wieland Herzfelde an den Verfasser vom 5. April 1976
[174] Ebd., S. 170
[175] Ebd., S. 173
[176] Mehring, a. a. O., S. 85f.
[177] Autobiographie, a. a. O., S. 176
[178] Brief von Diether Schmidt vom 12. Februar 1981 an den Verfasser. Obwohl eine Einzelausstellung nicht zustande kam, bedeutete das nicht, daß Grosz in Rußland unbekannt geblieben wäre. Besonders Majakowski sorgte dafür, daß Grosz-Zeichnungen in Zeitungen und Zeitschriften erschienen. (Siehe: Alexander Uschakow: Majakowski und Grosz – zwei Schicksale. In: Sinn und Form XX/6. November 1968, S. 1460–1473)
[179] Gespräch des Verfassers mit Lotte Schmalhausen im Januar 1976
[180] Brief an Bernard Reis vom 2. Mai 1941. Kopie im Archiv des Verfassers
[181] Hans Cürlis: Interview mit George Grosz, Berlin 1959. Unveröffentlichtes Tonband
[182] Interview mit George Grosz, Bayrischer Rundfunk, 1954
[183] Blatt 42 von Ecce Homo stellt den Maler Rudolf Schlichter dar
[184] Gekürzte Wiedergabe von Auszügen aus dem stenographischen Protokoll in: Das Tagebuch, 23. Februar 1924, S. 240f.
[185] Autobiographie, a. a. O., S. 188
[186] Pierre Vorms: Gespräche mit Frans Masereel. Dresden 1967, S. 89
[187] Uschakow, a. a. O., S. 1461

[188] Vorms, a. a. O., S. 86
[189] Autobiographie, a. a. O., S. 178
[190] Brief an Otto Schmalhausen. In: Knust, a. a. O., S. 101
[191] Siehe Fritz Schmalenbach: Kunsthistorische Studien. Basel 1941
[192] Kessler, a. a. O., S. 466f.
[193] Aus: Die Rote Fahne, 1924 (7. Jg.), Nr. 57. Zit. nach: Kunst als Waffe. Asso-Katalog. Nürnberg 1971, S. 17
[194] George Grosz/Wieland Herzfelde: Die Kunst ist in Gefahr. Berlin 1925, S. 24ff.
[195] Ebd., S. 32
[196] Kessler, a. a. O., S. 677
[197] Wieland Herzfelde, Gespräche mit dem Verfasser, Ende April 1976
[198] Vorwort zu Der Spießer-Spiegel. Dresden 1925
[199] Lewis: George Grosz, a. a. O., S. 176
[200] Hierzu ausführlich A. W. Deshong: The Theatrical Designs of George Grosz. Yale University 1970
[201] Theatrical Drawings and Watercolors by George Grosz. Ausstellungskatalog des Busch-Reisinger Museums, Harvard University 1973
[202] Deshong, a. a. O., S. 138
[203] Heinrich Goertz: Piscator. Reinbek 1974, S. 30
[204] Das Kunstblatt, 10. Jg., H. 7, 1926, S. 273–276
[205] Jeanpaul Goergen: Er schuf für Piscator die Zeichnungen. In: Der Tagesspiegel, 26. Januar 1992
[206] Zit. nach Hans Reimann: Mein blaues Wunder. München 1959, S. 409f.
[207] Erwin Piscator: Das Politische Theater. Reinbek 1979, S. 180f.
[208] George Grosz, ebd., S. 192
[209] Ebd., S. 190f.
[210] Frankfurter Zeitung, 26. Januar 1928
[211] Erwin Piscator in: Ausstellungskatalog George Grosz. Akademie der Künste Berlin 1962, S. 8
[212] Eberhard Roters in: Der Traum von einer neuen Welt. Berlin 1910–1933. Ausstellungskatalog Museum-Altes-Rathaus, Ingelheim/Rhein 1989, S. 32
[213] Das Tagebuch 9, 1928, S. 2210f.
[214] Unter dem Aktenzeichen E IJ 152.28 (15.29) «Strafsache gegen Grosz und Herzfeld wegen Gotteslästerung» werden die in drei Bänden zusammengefaßten Unterlagen im Landgericht Berlin-Moabit aufbewahrt
[215] Juristische Wochenschrift 1930, S. 2136
[216] Die Sachverständigen-Gutachten im Grosz-Prozeß. In: Vorwärts, 4. Dezember 1930
[217] Brief an Robert Bell, Ende September 1915. In: Knust, a. a. O., S. 31
[218] Schreibmaschinenmanuskript im Grosz Estate, Princeton, N. J.
[219] Chronologie nach einem Manuskript im Grosz Estate
[220] Manuskript im Grosz Estate
[221] Sergej Tretjakow: Bert Brecht. In: Internationale Literature (Moskau), Mai 1937; zit. nach Martin Esslin: Bertolt Brecht. Frankfurt a. M. 1962, S. 95
[222] Brief an Brecht vom 30. März 1947. In: Knust, a. a. O., S. 389
[223] Interview Bayrischer Rundfunk, 1954
[224] Autobiographie, a. a. O., S. 227
[225] Ebd., S. 229
[226] Ebd., S. 230f.
[227] Ebd., S. 224
[228] The New Yorker, 3. September 1932, S. 11
[229] Zit. nach: Ausstellungskatalog, Akademie der Künste Berlin 1962, S. 25
[230] Interview Bayrischer Rundfunk, 1954
[231] Autobiographie, a. a. O., S. 174
[232] Karl Riha (Hg.): George Grosz. Teurer Makkaroni! Briefe an Mark Neven DuMont 1922–1959. Berlin 1992, S. 190f.
[233] Autobiographie, a. a. O., S. 226
[234] Ebd., S. 212
[235] Ebd., S. 218
[236] Interview Bayrischer Rundfunk, 1954
[237] Brief von Edith Yapou-Hoffmann vom 14. Juni 1974 an den Verfasser
[238] Interview Bayrischer Rundfunk, 1954
[239] Autobiographie, a. a. O., S. 235
[240] Edmund Wilson: Every Man His Own Eckermann. In: The New York Review of Books, Special Issue, Vol. I, No. 2, 1963, S. 1f.
[241] Autobiographie, a. a. O., S. 236
[242] Interview Grosz Estate
[243] Autobiographie, a. a. O., S. 259
[244] Ebd., S. 230
[245] Piscator im Ausstellungskatalog George Grosz, a. a. O., S. 9
[246] Malcolm Cowley in: New Republic, 23. Dezember 1936. Zit. nach Kay Flavell: George Grosz. A Biography. New Haven, London 1988, S. 173
[247] George Grosz: On My Drawings. In: George Grosz. Drawings. New York 1944
[248] Interview Grosz Estate
[249] Autobiographie, a. a. O., S. 226
[250] Ebd., S. 279
[251] Wolfgang Willrich: Säuberung des Kunsttempels. Berlin 1938, S. 73
[252] Ebd., S. 89
[253] Richard Müller: Die Ausstellung «Spiegelbilder des Verfalls in der Kunst», in: Dresdner Anzeiger, Nr. 204 vom 23. September 1933. Unvollständige Faksimilewiedergabe in: DRESDEN. Von der Königlichen Kunstakademie zur Hochschule für Bildende Künste. Dresden 1990, S. 321
[254] Otto Thomae: Die Propaganda-Maschi-

nerie. Bildende Kunst und Öffentlichkeitsarbeit im Dritten Reich. Berlin 1978, S. 300f.

255 Hans Grundig: Zwischen Karneval und Aschermittwoch. Berlin 1960, S. 223

256 In Depoträumen des Schlosses Berlin-Niederschönhausen lagerten beschlagnahmte Bilder, unter anderem von Grosz das «Bildnis von Eduard Plietzsch» (1928), heute im Wallraf-Richartz-Museum Köln. Siehe Alfred Hentzen: Die Berliner Nationalgalerie im Bildersturm. Berlin 1971, S. 53

257 Bertolt Brecht: Über Realismus. Frankfurt a. M. 1971, S. 40ff.

258 Berthold Hinz: Die Malerei im deutschen Faschismus. München 1974, S. 118

259 Interview Bayrischer Rundfunk, 1954

260 George Grosz: I Teach Fundamentals. In: College Art Journal, Vol. IX, Nr. 2, 1949/50, S. 200

261 Hess, a. a. O., S. 215

262 Grosz: On My Drawings, a. a. O., S. 7

263 Autobiographie, a. a. O., S. 236ff.

264 Interview Grosz Estate

265 Richard O. Boyer: PROFILES. Artist I – Demons in the Suburbs in: The New Yorker, 27. November 1943, S. 34f.

266 Ders.: PROFILES. Artist III – The Yankee from Berlin in: The New Yorker, 11. Dezember 1943, S. 41f.

267 Interview Bayrischer Rundfunk, 1954

268 Ebd.

269 Autobiographie, a. a. O., S. 290

270 Interview Bayrischer Rundfunk, 1954

271 Brief Wieland Herzfeldes vom 7. Juli 1975 an den Verfasser. Vergleiche dazu Autobiographie, a. a. O., S. 7f.

272 Richard Huelsenbeck: In memoriam George Grosz. In: Frankfurter Allgemeine Zeitung, 28. Juli 1959

273 Interview Grosz Estate

274 Richard Huelsenbeck: Erinnerung an George Grosz. In: Neue Zürcher Zeitung, 14. Juli 1959

275 Interview Bayrischer Rundfunk, 1954

276 Aus dem Manuskript der Autobiographie gestrichene Stelle

277 Gespräch des Verfassers mit Bernard Reis am 30. Oktober 1974 in New York

278 Huelsenbeck, In memoriam George Grosz, a. a. O.

279 George Grosz in: The American Peoples Encyclopedia Yearbook. Chicago 1957, S. 113

280 Brief an Herbert Fiedler vom 8. August 1954. In: Knust, a. a. O., S. 482

281 Einleitungstext des Tagebuchs von 1955, Grosz Estate, Princeton, N. J.

282 Lothar Fischer: Otto Dix. Ein Malerleben in Deutschland. Berlin 1981, S. 150

283 S. Mathilde Köhler: «Gespräch mit George Grosz». In: Hamburger Abendblatt Nr. 123 vom 30./31.5.1959, S. 9

284 Interview Grosz Estate

285 Ebd.

286 Autobiographie, a. a. O., S. 265f.

287 Martin G. Buttig: Der Tod des alten Dadaisten. In: Der Monat, 12. Jg., H. 142, Juli 1960, S. 87f.

288 Ebd.

289 Marty Grosz im Film: «Schön ist's im Labyrinth» von Norbert Bunge und Christine Fischer-Defoy, 1991

Zeittafel

1893 26. Juli: Geburt von George Grosz (Georg Ehrenfried Groß) als Sohn des Gastwirtes Karl Ehrenfried Groß und seiner Frau Marie Wilhelmine Luise (geb. Schultze) in Berlin, Jägerstraße 63

1898 Übersiedlung der Familie nach Stolp in Pommern

1900 Tod des Vaters

1901 Umzug mit der Mutter nach Berlin-Wedding, Wöhlertstraße

1902 Rückkehr nach Stolp, Blumenstraße. Besuch der Oberrealschule

1908 Verweisung von der Schule

1909 Studium an der Königlich Sächsischen Akademie der Künste in Dresden bei Richard Müller, Robert Sterl, Raphael Wehle und Osmar Schindler

1910 Veröffentlichung der ersten Karikatur im «Ulk», der Beilage des «Berliner Tageblattes»

1911 30. März: Ehrendiplom der Kunstakademie

1912 4. Januar: Ankunft in Berlin. Er wohnt bis April in Charlottenburg, danach in Südende, Lichterfelder Straße 36. Besuch der Kunstgewerbeschule (bis 1917), Schüler von Emil Orlik. Beginn der Ölmalerei

1913 August bis November: Erster Paris-Aufenthalt, Studien im Atelier von Calarossi. Wohnt in der Rue Delambre 15, Montparnasse, dazwischen im Juli Reise nach Helgoland, Hamburg und Thorn. Zeichnungen erscheinen von nun an im «Ulk», in den «Lustigen Blättern» und in anderen Zeitschriften. Erster Buchumschlag, Buchillustrationen

1914 11. November: Kriegsfreiwilliger im 2. Kaiser-Franz-Gardegrenadierregiment, 1. Kompanie, Bezirkskommando V, Berlin

1915 5. Januar: Versetzung zum 1. Reservebataillon. – 11. Mai: Nach Operation einer Stirnhöhlenvereiterung als dienstuntauglich entlassen. Er wohnt bei seiner Schwester Cläre, Hohenzollerndamm 201. – 7. Juli: Eigene Wohnung in Südende, Stephanstraße 15 (bis 1918). Er lernt bei Ludwig Meidner die Brüder Herzfeld kennen. Erstes Gedicht und Zeichnung in Franz Pfemferts «Aktion» veröffentlicht

1916 Mai: Begegnung mit Theodor Däubler. Mitarbeit an Herzfeldes «Die Neue Jugend». – September: Änderung seines Namens von Georg Groß in George Grosz. – November: Theodor Däublers Artikel in «Die weissen Blätter» macht Grosz bekannt. Er liest eigene Gedichte auf den literarischen Abenden der «Neuen Jugend» in Berlin, Dresden, München und Mannheim

1917 4. Januar: Einberufung zum Landsturm-Infanterie-Bataillon nach Guben bei Berlin. – 5. Januar: Einlieferung in das Lazarett «Kronprinz» in Guben. – 23. Februar: Überbringung in die Nervenheilanstalt Görden bei Brandenburg/Havel. – 27. April: Rückkehr nach Berlin. – 20. Mai: Als dauernd dienstunbrauchbar aus dem Heer entlassen. Grosz wohnt im Mai bei seiner Schwester Cläre, ab Juni wieder in Südende. Mitbegründer des Berliner DADA. «Erste George Grosz-Mappe» im Frühjahr, «Kleine Grosz-Mappe» im Herbst im Malik-Verlag. Grosz verkauft sein erstes Ölbild an Sally Falk, Mannheim

1918 Arbeit mit Heartfield am Trickfilm «Pierre in St. Nazaire», von der Militärischen Bildstelle (nach Kriegsende UFA) abgelehnt. – Oktober: Wohnung in Berlin-Wilmersdorf, Nassauische Straße 4 (bis 1921), Mitglied der November-Gruppe

1919 Im Frühjahr Beitritt zur Kommunistischen Partei. – Grosz gründet die Zeitschriften «Die Pleite» zusammen mit Wieland Herzfelde, «Jedermann sein eigner Fussball» mit Franz Jung, «Der blutige Ernst» mit John Hoexter und Carl Einstein. Zeichnungen für Bücher und Zeitschriften des Malik-Verlages. Periode der Grosz-Heartfield-Collagen und Fotomontagen. Für das politische Kabarett «Schall und Rauch» im Keller des Reinhardtschen Theaters stellen die Freunde Programmhefte und satirische Puppen her

1920 April: Erste Einzelausstellung bei Hans Goltz, München. – 26. Mai: Heirat mit Eva Peter. Grosz wohnt nach der Hochzeit bei der Tante seiner Frau, Berlin SW 29, Belle-Alliance-Straße 47, als Nachbar Gottfried Benns. – Juni bis August: Organisiert und beteiligt sich maßgeblich an der Internationalen DADA-Messe in der Kunsthandlung Burchard. Zusammen mit Heartfield Bühnenentwürfe für Shaws «Cäsar und Cleopatra» unter der Regie von Max Reinhardt. Periode der «mechanischen Konstruktion». Sommerreise mit Neven DuMont zu seinem Förderer Felix Weil nach Portofino, Italien

1921 21. April: Erster Prozeß, von der Strafkammer des Landgerichts II wegen Beleidigung der Reichswehr in der Mappe *Gott mit uns* zu 300 RM Geldstrafe verurteilt. Umzug nach Hohenzollerndamm 201. *Das Gesicht der herrschenden Klasse* erscheint im Malik-Verlag

1922 Grosz reist mit Martin Andersen-Nexø für sechs Monate über Dänemark, Vardø, Kola-Fjord, Murmansk nach Petrograd und Moskau. Audienz bei Lenin. Grosz unterbricht die Ölmalerei, arbeitet an Buchillustrationen. Veröffentlichung der Mappen *Ecce Homo, Mit Pinsel und Schere* und *Die Räuber* (alle im Malik-Verlag)

1923 «Die Pleite» stellt ihr Erscheinen ein. Grosz zahlt keine Mitgliedsbeiträge mehr an die KPD. Die Mappe *Ecce Homo* wird als «pornographisches Machwerk» beschlagnahmt. Vertrag mit Kunsthändler Flechtheim. Erste Einzelausstellung in Berlin

1924 16. Februar: Prozeß wegen «Angriffs auf die öffentliche Moral» in der Folge *Ecce Homo*. Grosz wird zu 6000 RM Strafe verurteilt. Vorsitzender der «Roten Gruppe», Vereinigung kommunistischer Künstler. Er arbeitet von nun an regelmäßig bis 1927 für die kommunistische satirische Wochenschrift «Der Knüppel». Veröffentlichung von *Abrechnung folgt!* – 30. März: Reise nach Paris bis Ende Mai. Im November erste Ausstellung in Paris. Er beginnt seine regelmäßige Mitarbeit am «Querschnitt» (bis 1933)

1925 Der *Spießer-Spiegel* erscheint. Im Juli Aufenthalt im Hause seines Freundes Frans Masereel in Boulogne-sur-Mer. – Ab 15. August: Besuch im Hause seines Freundes Jacques Sadoul, Île de Brèhat (Bretagne), von dort bis September weiter nach Douarnenez, Quimper, Tours und Blois. Nach erneutem Paris-Aufenthalt nach Ajaccio (Korsika) über Marseille. Rückkehr nach Paris über Nizza und Avignon. – 15. Oktober: Heimreise nach Berlin. Grosz ist vertreten auf der Ausstellung «Neue Sachlichkeit» in Mannheim. Wiederaufnahme der Ölmalerei mit einer Reihe von Porträts

1926 22. Mai: Geburt des ersten Sohnes Peter Michael. Regelmäßige Beiträge für den «Simplicissimus» (bis Ende 1932)

1927 Mai: Reise nach Marseille, Pointe Rouge. Ende des Monats mit dem Auto durch die Provence. Er malt zahlreiche Ölbilder. Rückkehr nach Berlin im Oktober. Beginn der «Hintergrund»-Zeichnungen für Piscators «Schwejk»-Inszenierung. «Der Knüppel» stellt sein Erscheinen ein

1928 Weiterarbeit für Piscator bis zur «Schwejk»-Uraufführung am 23. Januar. Umzug nach der Trautenaustraße 12, wo er bis 1933 wohnt. Kurze Londonreise im September. Mitbegründer der ARBKD (Asso) Berlin. – 20. Dezember: Dritter Prozeß gegen Grosz. U. a. wird er für die Zeichnung *Christus mit der Gasmaske* wegen «Gotteslästerung» angeklagt und zu 2000 RM Geldstrafe verurteilt

1929 10. April: Die Berufungsinstanz, das Landgericht III, hebt den Schuldspruch auf. Herbstausstellung bei Cassirer in Berlin. Grosz und Sergej Eisenstein lernen sich in Berlin kennen

1930 27. Februar: Das Reichsgericht hebt den Freispruch vom Vorjahr auf. Neuer Prozeß am 3. und 4. Dezember im Landgericht III Berlin. Grosz endgültig freigesprochen. Es erscheinen *Das neue Gesicht der herrschenden Klasse, Die Gezeichneten* und *Über alles die Liebe*. – 28. Februar: Geburt des zweiten Sohnes Martin Oliver. – August und September: Treffen mit Pechstein in Ahrenshoop (Ostsee), in Wustrow (Pommern) mit Dix

1931 Verleihung des Watson-F.-Blair-Preises, Art Institute Chicago. Im August und September Aufenthalt in Prerow (Ostsee)

1932 4. Juni: Gastdozent an der Art Students' League in New York. Bekanntschaft mit George Gershwin und James Thurber. Veröffentlichung von Aquarellen im «New Yorker» und in «Vanity Fair». Kurze Reise nach Philadelphia. – 6. Oktober: Rückkehr nach Berlin

1933 12. Januar: Grosz verläßt Deutschland endgültig und siedelt mit seiner Frau nach New York über. Grosz lehrt an der Art Students' League (bis 1936) und an der Sterne-Grosz-School (bis 1937). Bewirbt sich im April um die amerikanische Staatsbürgerschaft. Umzug nach Long Island, wo er bis 1936 bleibt. Zeichnet und aquarelliert New Yorker Straßenszenen

1934 George Macey beauftragt ihn mit Illustrationen zu einer Ausgabe von O. Henry-Geschichten

1935 Frühjahrsausstellung in New York. Europareise Juni bis September: einige Tage in Paris, Besuch bei Brecht in Svendborg (Dänemark). Weiterreise über Kopenhagen nach Laren (Holland), Aufenthalt im Hause seines Freundes Herbert Fiedler. – 15. September: Rückreise in die USA

1936 Januar: Vertrag über erste Buchveröffentlichung in den USA: *Interregnum* mit Einleitung und Kommentar von John Dos Passos bei Black Sun Press. Totaler Mißerfolg dieser antifaschistischen Publikation im Jahr der Hitler-Olympiade führt zur Resignation. Grosz zieht sich aus New York zurück. – 20. Juli: Umzug nach Douglaston, Long Island, wo er bis 1946 lebt. Wiederaufnahme der Ölmalerei

1937 Guggenheim-Stipendium sichert ihm für zwei Jahre unabhängiges Arbeiten. Auflösung seiner privaten Malschule. Erster Sommer in Cape Cod. Werke von Grosz werden in der Münchener Ausstellung «Entartete Kunst» gezeigt

1938 Ausbürgerung durch die Nazis. – 16. Juni: Grosz wird amerikanischer Staatsbürger. Sommermonate in Cape Cod. Apokalyptische Bilder in Vorahnung des kommenden Krieges

1939 Sommer in Truro, Cape Cod. Jahr der inneren Ruhe und der Freude. Naturstudien, Landschaftsaquarelle. Bei Bilderverbrennung durch die Nazis in Berlin werden auch mehrere Werke von Grosz vernichtet. Wieland Herzfelde trifft in New York ein

1940 Verleihung des Watson-F.-Blair-Preises des Art Institute Chicago und der Carol-H.-Beck-Medaille der Pennsylvanian Academy of the Fine Arts. Sommermonate in Cape Cod, Ölbilder von Akten und Dünen

1941 Lehrer an der School of Fine Arts, Columbia University (bis 1942) und an der Art Students' League (bis 1942). Illustrationen zu Ben Hechts «1001 Afternoons». Grosz beginnt seine Autobiographie. Sommermonate in Cape Cod

1942 Sommer in Cape Cod

1943 Illustrationen zu Grimms Märchen. Auftrag, Dantes «Göttliche Komödie» zu illustrieren. Im August Reise nach Andirondaks, Lake Garnet

1944 Sommeraufenthalt in Cape Cod. Bei einem Luftangriff auf Berlin-Rummelsburg kommt seine Mutter ums Leben

1945 Sommer in Cape Cod

1946 Oktober: Ausstellung in New York *A Piece of My World in a World Without Peace*. Zweiter Preis des Carnegie Institute. Veröffentlichung seiner Autobiographie *A Little Yes and a Big No*

1947 Grosz bezieht «The Cottage», Hilaire Farm in Huntington

1948 Ausstellung der *Stockmänner* in New York

1950 Wiederaufnahme der Lehrtätigkeit an der Art Students' League (bis 1955)

1951 23. Mai: Europareise (Deutschland, Frankreich, Holland, Belgien, Italien, Schweiz). – 5. Dezember: Rückkehr nach New York

1952 Sommer in Dallas, Texas

1953 Er eröffnet eine private Kunstschule in seinem Haus

1954 Retrospektive im Whitney Museum, New York. – 26. Mai: Grosz wird zum Mitglied der American Academy of Arts and Letters gewählt. – 12. Juni: Reise nach Deutschland. Empfang durch den Berliner Senat im «Hotel am Zoo». Kostümentwürfe für «Bilderbogen aus Amerika» in der Berliner Komödie. – Juli bis September: Osterhofen, Bayrisch Zell, über Berlin nach London: Entwurf von Filmdekorationen für Remus Film «I am a Camera». – 6. November: Rückreise nach Berlin. – Dezember: München, Monte Carlo, Besuch bei Dix in Hemmenhofen (Bodensee)

1955 2. Januar: Rückkehr über Hamburg nach den USA. Rowohlt bringt die deutsche Ausgabe der Autobiographie heraus

1956 Grosz lehrt an der Skowhegan School of Painting and Sculpture in Maine. Im November Gastdozent am Art Center in Des Moines, Iowa

1958 2. September: Aufenthalt in Berlin. – 24. November: Ernennung zum Mitglied der Akademie der Künste in Berlin (West). – 3. Dezember: Rückreise nach New York

1959 15. Januar: Goldene Medaille des National Institute of Arts and Letters. – 28. Mai: Endgültige Rückkehr nach Berlin. – 6. Juli: Tod im Hausflur, Savignyplatz 5. – Am 10. Juli: Beisetzung auf dem Charlottenburger Waldfriedhof, Trakehner Allee

Zeugnisse

Kurt Tucholsky
Und ich weiß keinen, der das moderne Gesicht des Machthabenden so bis zum letzten Rotweinäderchen erfaßt hat wie dieser eine. Das Geheimnis: er lacht nicht nur – er haßt. Das andere Geheimnis: er zeichnet nicht nur, sondern zeigt die Figuren – welche patriotischen Hammelbeine! welche Bäuche! – mit ihrem Lebensdunst, ihrer gesamten Lebenssphäre in ihrer Welt. So, wie diese Offiziere, diese Unternehmer, diese uniformierten Nachtwächter der öffentlichen Ordnung in jeder einzelnen Situation bei Grosz aussehen: so sind sie immer, ihr ganzes Leben lang.

«Die Weltbühne», August 1921

Willi Wolfradt
Wahrhaftig, diese Romantikfresser und vor allem Grosz sind irgendwie Romantiker. Man wird die Monde und Sterne nicht übersehen dürfen, die er über Hurenstraßen und Wolkenkratzerorgien aufhängt, wie denn bei ihm überhaupt noch im letzten eiterseligen, schlammberauschten Hohn ein Unterton wundersamer Demut und reiner, zarter Sehnsucht stets mitschwingt. Man schämt sich bald des leidvergessenen Lachens, in das man angesichts der so beißend und knapp formulierten Entkleidungen zunächst gelockt wird, und man spürt auch sofort, daß nicht viel Humor bei der Sache ist, daß hier gedroht wird und nicht gescherzt.

«George Grosz», Leipzig 1921

Mark Neven DuMont
Es ist zutreffend, daß Grosz seinen Ausgangspunkt vom äußersten Flügel der politisch-sozialen Opposition genommen hat. Dabei mag es dahingestellt bleiben, ob sein Naturell, das in seiner urtriebhaft nach Gestaltung strebenden Vitalität letzten Endes unprogrammatisch, oder sagen wir besser unpolitisch ist, bewußt den Anschluß an die politische Linke erreicht hat, oder ob nicht die soziale Opposition ihm ein fast zufälliger Keim- und Nährboden für die dämonischen Ausbrüche seiner vulkanischen Natur geworden ist.

«Kölnische Zeitung», 3. Januar 1926

Max Herrmann-Neisse
Darin [in den Zeichnungen des *Ecce Homo*] ist kein Kompromiß, kein Nachlassen, keine Schmeichelei. Du schlägst das Werk auf und hast die Quintessenz von dem, was dich umgibt: die Sorte, die dich zu regieren beansprucht; die Stupidität der Untertanen, die solchen Anspruch ermöglicht und begünstigt; die unendliche Miesheit deiner eigenen Mittelstandsherkunft; die doofe, schmierige, unreelle Marke «Erotik», der du dein (besser unterbliebenes) Dasein verdankst und der du bald selber wieder anheimfallen wirst. Ein ganzer ausführlicher Anschauungsunterricht, Kunst und historisches Dokument gewordenes Lebenspanorama, Zeigestockchronik. Kein Amüsement! Peitsche für die Säumigen, Messer an die Gurgel der Unverbesserlichen, Signal für die Kampfgewillten!

«Querschnitt», 1926

Marcel Ray
Keine Fröhlichkeit bei Grosz, kein Humor und vor allem nicht die geringste Neigung zur Karikatur. Er ist streng, hitzig und fanatisch wie ein ausgemergelter Mönch. Sein Pessimismus ist weit jenseits von Persiflage und Satire... Die Zeit ist nicht mehr zum Lachen, und Grosz hat auch keine Lust darauf.

«George Grosz», Paris 1927

Erich Knauf
Grosz zeichnet mit jener Ursprünglichkeit, die das Charakteristische wie durch ein Vergrößerungsglas sieht. Die Feder ritzt und fetzt, spielt nie. Ihr Strich ist hart und spitz... Seine Aquarelle sind mit Leichenwasser gemalt...

Seine Bilder aus dem proletarischen Dasein peitschen den Haß bis in die letzte Fingerspitze. Grosz idealisiert die revolutionären Arbeiter nicht. Diese Gestalten schreiten daher wie von einer ungeheueren geschichtlichen Notwendigkeit gelenkt, und kein pathetisches Feuer brennt in ihren Augen. Aber in allen diesen Zeichnungen erhebt sich eine drohend geballte Faust: Abrechnung folgt!

Der Name George Grosz steht unbarmherzig über dem Schlußkapitel bürgerlichen Untergangs.

«Empörung und Gestaltung», Berlin 1928

Adolf Dresler
George Grosz, einer der erbärmlichsten bolschewistischen Schmierer, überbietet sich in vielen «Werken» in der Verhöhnung des Frontsoldaten... Einer der jüdischen Kunstliteraten preist diesen Groß als «eine aristokratisch betonte Natur», und willig kaufen die Galerien seine verbrecherischen Machwerke.

«Deutsche Kunst und entartete ‹Kunst›», München 1938

John Dos Passos
Er stellt die Hölle dar, zu welcher die Erde geworden ist; die Welt, in der wir leben. Mit der Genauigkeit und Geschicklichkeit des Chirurgen legt er die Scheußlichkeiten dieses Daseins bloß. Seine Zeichnungen werden bleiben. Sie werden einer glücklicheren Zeit eine Ahnung von dem Alpdruck geben, unter dem die Menschen unserer Tage zu leiden hatten.

1949

Henry Miller
Wenn ich heute die Zeichnungen in diesem Buch anschaue, bin ich mit der gleichen Erregung und grenzenlosen Bewunderung für den Künstler erfüllt wie 1927, als ich sein Werk zum erstenmal sah. Durch all die Jahre hindurch sind diese Zeugnisse der Verzweiflung, des Hasses und der Enttäuschung, wie sie Grosz selbst nannte, wie in meinen Kopf eingebrannt geblieben. Ich kenne nichts in unserer Zeit oder aus anderen Zeiten, das damit vergleichbar wäre. Sie sind so nackt und häßlich, so schön und ausdrucksstark wie die Wahrheit selbst.

Vorwort zur Neuauflage von «Ecce Homo», 1965

Hans Hess
Was Grosz in seinem Werk ausdrückte, ist sein Haß. Es ist die Antwort eines einzelnen Künstlers auf ein soziales Ereignis; es ist ein gefühlsmäßiger Gegenangriff, aber war es ein politischer?

«George Grosz», London 1974

Hans Richter
Was mich besonders an George Grosz' Kunst anzog, war – obwohl er abstrakte Kunst haßte – sein abstrakter Strich. Seine Kunst ist in gewissem Sinne genau so abstrakt wie die anderer abstrakter Künstler, auch wenn er Gegenständliches oder Szenen darstellt.

Fernsehfilm Saarländischer Rundfunk, 1976

Wieland Herzfelde
Das Werk von George Grosz wurde – wie das weniger hervorragender Künstler – gleichermaßen von seiner eigenen Natur, Entwicklung und Umgebung geprägt wie auch von seiner Epoche, der ersten Hälfte unseres Jahrhunderts. Es ist Ausdruck des Augenblicks: der sinnlichen, alle Hüllen durchscheinenden Vorstellungskraft und Wahrnehmung, der Lust und des Ekels, des Hasses und der Trauer, aber auch seines durch Phantasie und Wissen vermittelten Weltbildes.

1981

Bibliographie

Bücher über Grosz und Ausstellungskataloge wurden in Auswahl aufgenommen. Die Bibliographie umfaßt nicht die Buchillustrationen von Grosz, auch nicht über ihn erschienene Aufsätze in anderen Büchern und Zeitschriften. Eine neue Grosz-Bibliographie von Kjeld Bülow ist aus Anlaß des 100. Geburtstages des Künstlers in Kopenhagen erschienen. Sie enthält auch eine umfassende Chronologie der Grosz-Ausstellungen.

1. Mappen und Sammelbände

Erste George Grosz-Mappe. 9 Lithografien. Berlin 1917

Kleine Grosz-Mappe. 20 Lithografien, vierseitiges Titelblatt mit Versen Aus den Gesängen von Grosz. Berlin 1917

Gott mit uns. – Politische Mappe. 9 Lithografien. Berlin 1920

Das Gesicht der herrschenden Klasse. 55 politische Zeichnungen (Kleine Revolutionäre Bibliothek, Bd. IV). Berlin 1921

Im Schatten. Mappe mit 9 Lithografien. Berlin 1921

Mit Pinsel und Schere. 7 Materialisationen. Berlin 1922

Die Räuber. Neun Lithografien zu Sentenzen aus Schillers «Räuber». Berlin 1922

Abrechnung folgt! 57 politische Zeichnungen (Kleine Revolutionäre Bibliothek, Bd. X). Berlin 1923

Ecce Homo. 84 Lithografien und 16 Aquarelle in Siebenfarben-Offsetdruck. Berlin 1923

Der Spießer-Spiegel. 60 Berliner Bilder nach Zeichnungen mit einer Selbstdarstellung des Künstlers. Dresden 1925

Hintergrund. 17 Zeichnungen zur Aufführung des «Schwejk» in der Piscator-Bühne. Berlin 1928

Das neue Gesicht der herrschenden Klasse. 60 neue Zeichnungen. Berlin 1930

Die Gezeichneten. 60 Blätter aus 15 Jahren (Eine Auswahl aus Büchern und Mappen). Berlin 1930

Über alles die Liebe. 60 neue Zeichnungen. Berlin 1930

A post-war museum. 28 Abbildungen ohne Text. London 1931

George Grosz. Social Kunst 9. Hg. von Edvard Heiberg. Kopenhagen, Oslo 1932

Interregnum. 64 Zeichnungen und 1 Farblithografie. New York 1936

George Grosz Drawings. Reproduktionen nach 49 Zeichnungen und 3 Aquarellen. New York 1944

George Grosz – 30 Drawings and Watercolors. Reproduktionen nach 26 Zeichnungen und 4 Aquarellen. New York 1944

George Grosz. 85 Zeichnungen und Aquarelle, 3farbig. Hg. von Imre Hofbauer. London 1948

Ade Witboi. 47 Schwarz-weiß-Reproduktionen, 4 farbige Blätter, 14 Textillustrationen. Hg. von Walther G. Oschilewski. Berlin 1955

George Grosz. Zeichnungen, Aquarelle, Ölbilder, 108 Schwarz-weiß-Reproduktionen, 6 farbige Blätter. Hg. von H. Bittner. New York 1960, deutsch Köln 1961

Interregnum, deutsche Ausgabe (400 Exemplare). Frankfurt am Main, Berlin 1976

George Grosz. Die Welt ist ein Lunapark. 232 Schwarz-weiß-Reproduktionen, 16 Farbtafeln. Hg. und Einleitung von Uwe Schneede. Gütersloh 1977

George Grosz. New York. Hg. von Walter Huder und Karl Riha. Siegen 1985

George Grosz. Skizzenbuch 1917. Hg. und Nachwort von Karl Riha. Siegen 1987

2. Gedichte und Texte

Lied. In: Die Aktion, 6. 11. 1915, S. 572
Mondnacht. In: Neue Jugend, I, Heft 9, Sept. 1916, S. 183/184
Die Artisten, Gesang der Goldgräber und *Aus den Gesängen*. In: Neue Jugend, I, Heft 11/12, Feb./März 1917, S. 236–244
Beim Durchgehen der Garderobe. In: Der Almanach der Neuen Jugend auf das Jahr 1917. Berlin o. J.
Man muß Kautschukmann sein! und *Kannst du radfahren?* Anonym in: Neue Jugend, Prospekt zur Kleinen Grosz-Mappe, Juni 1917, S. 1
Gesang an die Welt und *Kaffeehaus*. In: 1918, Neue Blätter für Kunst und Dichtung, I, Nov. 1918, S. 154/155
Der Kunstlump (zusammen mit John Heartfield). In: Der Gegner, I, Heft 10–12, 1920, S. 48–56, und in: Die Aktion, 12. 6. 1920, S. 327–332
Statt einer Biographie. In: Der Gegner, II, Heft 3, 1920/21, S. 68–70
Zu meinen neuen Bildern. In: Das Kunstblatt, V, Nr. 1, 1921, S. 10–16
Der Mensch ist nicht gut – sondern ein Vieh! In: Ausstellungskatalog von Garvens, Hannover 1922
Ein neuer Naturalismus? Eine Rundfrage, in: Das Kunstblatt, VI, Nr. 9, 1922, S. 382/383
Abwicklung. In: Ausstellungskatalog Kunsthandlung Würthle, Wien 1923. Wieder in: Das Kunstblatt, VIII, Nr. 2, 1924, S. 32–38
Kurzer Abriß. In: Situation 1924: Künstlerische und kulturelle Manifestationen, Ulm 1924, S. 22–24
Die Kunst ist in Gefahr (zusammen mit Wieland Herzfelde). Drei Aufsätze. Malik-Bücherei Band 3, Berlin 1925
Pariser Eindrücke. In: Europa auf Reisen, 1925, S. 42–46
Vorwort zum *Spießer-Spiegel*. Dresden 1925
Moja Žižn (Mein Leben). In: Projektor (Moskau), VI, Nr. 14, April 1928, S. 16–18
Randzeichnungen zum Thema. In: Blätter der Piscatorbühne, 1928
Das früh gekrümmte Häkchen. In: Blätter der Reinhardt-Bühnen, Heft VI, Berlin 1929. Dazu 19 Abbildungen nach Entwürfen von Kostümen und Bühnenbildern
Jugenderinnerungen. Mit Fotos und Zeichnungen aus der Jugendzeit. In: Das Kunstblatt, XIII, Nr. 6, 1929, S. 166–174; Nr. 7, S. 193–197; Nr. 8, S. 238–242
Lebenserinnerungen. In: Kunst und Künstler, XXIX, 1930, Okt. S. 15–22, Nov. S. 55–61, Dez. 105–111
Vorwort zu *Über alles die Liebe*. Berlin 1930
Lebenslauf, Notizen für Prozeß, 3. Dez. 1930. Manuskript im Grosz-Estate, Princeton, N. J.
Das feine Milljöh. In: Der Querschnitt, XI, Heft 1, Jan. 1931, S. 14–17
Über Tradition (zusammen mit Paul Westheim). Rundfunkinterview, Berlin, 11. 6. 1931
Kunst ist vorbei, mein Lieber! Kurzer Text von Grosz innerhalb eines Artikels mit dem Titel: Kunst geht nach Brot!, Berliner Tageblatt, 25. 12. 1931
Unter anderem ein Wort für deutsche Tradition. In: Das Kunstblatt, XV, Heft 3, März 1931, S. 79–84
Gedichte und Gesänge (1916–1917). Litomysl 1932
Briefe aus Amerika. In: Kunst und Künstler, XXXI, Heft 8, Aug. 1932, S. 273–278, Heft 9, Sept. S. 317–322, Heft 10, Okt. S. 433–443
Amerikanische Umgangsformen. In: Querschnitt, XIII, Heft 1, Jan. 1933, S. 16–19
On My Drawings. In: George Grosz Drawings. New York 1944
A Piece of My World in a World Without Peace. Associated American Artists Galleries, Katalog-Text, New York, Oktober 1946
The Wanderer. Texterklärung zum Bild, Tafel 48, in: The Encyclopaedia Britannica Collection of Contemporary American Painting, Chicago 1946
A Little Yes and a Big No: The Autobiographie of George Grosz. Gekürzte Übersetzung des deutschen Manuskripts von Lola Sachs Dorin. New York 1946
Un piccolo Si e un grande No. Italienische Ausgabe, Mailand 1948
George Grosz antwortet. Eine Anklage gegen ihn und ihr Ende. In: Die Neue Zeitung, 31. 7. 1949
I Teach Fundamentals. Brief an die Studenten des Cleveland Institute of Art, geschrieben zur Ausstellungseröffnung 1950. In: College Art Journal, Vol. IX, Winter 1949/50, Nr. 2, S. 199–201
Rußlandreise 1922. In: Der Monat, V, Heft 56, Mai 1953, S. 135–152
Interview, Bayrischer Rundfunk, 9. 11. 1954 – Bandkopie im Kupferstichkabinett der Staatlichen Museen Preußischer Kulturbesitz Berlin

Ein kleines Ja und ein großes Nein. Sein Leben von ihm selbst erzählt (Mit von der amerikanischen Ausgabe abweichendem Text und anderen Abbildungen). Hamburg 1955 – Neuausg.: Reinbek 1974 (= rororo 1759)
The Arts in America. In: The American People's Encyclopedia, Yearbook, Events and Personalities of 1957, Chicago 1958, S. 110–113
Interview mit George Grosz, 1959 – Bandkopie im Besitz von Hans Cürlis, Berlin
George Grosz. Briefe 1913–1959. Mit einem Vorwort und umfangreichen Anmerkungen hg. von Herbert Knust. Reinbek 1979
Paß auf! Hier kommt Grosz. Bilder, Rhythmen und Gesänge 1915–1918. Hg. von Wieland Herzfelde und Hans Marquardt. Leipzig 1981
George Grosz. An autobiography. 12 Fotos und 166 Schwarz-weiß-Abbildungen seiner Arbeiten. Übersetzt von Nora Hodges. New York 1983
Ach knallige Welt, du Lunapark. Gesammelte Gedichte. Hg. von Klaus Peter Dencker. München 1986
Eintrittsbillett zu meinem Gehirnzirkus. Erinnerungen, Schriften, Briefe. Hg. von Renate Hartleb. Leipzig 1988
Ulrich Becher/George Grosz: *Flaschenpost*. Geschichte einer Freundschaft. Hg. von Uwe Naumann/Michael Töteberg. Basel 1989 (Briefwechsel)
Teurer Makkaroni! Briefe an Mark Neven DuMont 1922–1959. Hg. von Karl Riha in Zusammenarbeit mit Angela Merte. Berlin 1992
George Grosz/Hans Sahl: *So long mit Händedruck*. Briefe und Dokumente. Hg. von Karl Riha. Hamburg 1993

3. Bücher und Ausstellungskataloge

Anders, Günther: George Grosz. Zürich 1961
Ballo, Ferdinando (Hg.): George Grosz. Mailand 1946
Baur, John I. H.: George Grosz. Katalog des Whitney Museum of American Art, New York 1954
Bazalgette, Léon: George Grosz: l'homme et l'œuvre, Paris 1926
Becher, Ulrich: Der große Grosz und eine große Zeit. Reinbek 1962
–: Das Profil. Reinbek 1962 (Autobiographischer Roman um die Freundschaft mit Grosz)
Bradley, Joseph Crane: George Grosz: a Study of his Life, Art and Philosophy. Dissertation, University of Wisconsin 1954
Deshong, Andrew Walter: The Theatrical Designs of George Grosz. Dissertation, Yale University 1970
Dückers, Alexander: George Grosz. Das druckgraphische Werk. Frankfurt a. M., Berlin 1979 (Werkverzeichnis)
Flavell, M. Kay: George Grosz. A Biography. New Haven. London 1988
George Grosz. Ausstellungskatalog, Kunsthandlung Würthle Wien und Galerie Flechtheim Berlin, 1923
George Grosz. Ausstellungskatalog, Akademie der Künste Berlin, 1962
George Grosz. Theatrical Drawings and Watercolors. Ausstellungskatalog Harvard University, Busch-Reisinger Museum, 1973
Hess, Hans: George Grosz. London 1974. Deutsche Ausgabe: Dresden 1982
Hirche, Kurt: Der Sozialkritiker George Grosz. Ausstellungskatalog, Städtisches Kunstmuseum Bonn-Bad Godesberg 1982
Lang, Lothar: George Grosz. Berlin 1966 (Reihe Welt der Kunst)
Lewis, Beth Irwin: George Grosz. Art and Politics in the Weimar Republic. Princeton, N. J. [2]1991
Mehring, Walter: Berlin Dada. Eine Chronik mit Fotos und Dokumenten, Zürich 1959
Mynona (d. i. Salomo Friedlaender): George Grosz. Dresden 1922 (Künstler der Gegenwart, Band 3)
Neugebauer-Gräfin von der Schulenburg, Rosamunde: George Grosz – Macht und Ohnmacht satirischer Kunst. Berlin 1993
Ray, Marcel: George Grosz. Paris 1927. Deutsche Ausgabe: Berlin 1990
Sabarsky, Serge (Hg.): Die Berliner Jahre. Berlin 1987
Schneede, Uwe M.: George Grosz. Der Künstler in seiner Gesellschaft. Köln 1975
Stiftung Staatsmuseum Berlin (Hg.): George Grosz. Zeichnungen für Buch und Bühne. Berlin 2001
Tavolato, Italo: George Grosz. Edizione di Valori Plastici. Rom 1924
Wolfradt, Willi: George Grosz. Leipzig 1921 (Junge Kunst, Band 21)

4. Filme über Grosz

George Grosz bei der Arbeit (aus dem Zyklus Schaffende Hände), aufgenommen von Hans Cürlis 1924. Siehe dazu: Hans Cürlis: Schaffende Hände, Die Maler, Berlin o. J. (1927)

George Grosz zeichnet. Kurzer Stummfilm, aufgenommen von Hans Cürlis 1959, Landesbildstelle Berlin

Interregnum. Produktion: Charles und Altina Carey. Sprecherin: Lotte Lenya. Buch: Mark Ramsay. Regie: Mort Rabinowitz. Education Communication Corporation 1960 (USA), 28 Min.

George Grosz, Produktion: Saarländischer Rundfunk. Fernsehfilm, Regie: Klaus Peter Dencker, 1976, 45 Min.

George Grosz – Stützen der Gesellschaft. Ein Film von Hannelore Schäfer. Norddeutscher Rundfunk 1982, 30 Min.

Hoppl vi lever (Hoppla, wir leben). Ein Film über George Grosz und seine Zeit von Lars Lambert 1984. Erstsendung Schwedisches Fernsehen 1985, Kultur Redaktion Fakta 2, 45 Min.

George Grosz. Film von Andrew Peddington, BBC 1985. Deutsche Bearbeitung Südwestfunk Baden-Baden 1988, 60 Min.

Schön ist's im Labyrinth. George Grosz in Amerika. Ein Film von Norbert Bunge und Christine Fischer-Defoy. Norbert-Bunge-Filmproduktion Berlin und Co-Produktion des SDR 1991, 96 Min.

Nachwort

Diese Monographie ist entstanden mit Unterstützung durch Peter M. Grosz, den älteren Sohn des Künstlers. Er hat mir in den von ihm zusammen mit seinem Bruder Martin verwalteten Grosz Estate in Princeton/New Jersey und in New York umfassenden Einblick gewährt und durch Freigabe von Kopien und unveröffentlichtem Fotomaterial wertvolle Hilfe geleistet. Kooperativ waren auch die Mitarbeiter des George-Grosz-Archivs der Akademie der Künste Berlin. Mein Dank gilt ferner den Verwandten und zahlreichen Freunden George Grosz' für Gespräche und schriftliche Mitteilungen.

Bei der Überarbeitung der Monographie aus Anlaß des 100. Geburtstages des Künstlers war Helen Adkins maßgeblich beteiligt. Ihr gebührt besonderer Dank für ihre umsichtige und kritische Mitarbeit.

Berlin, Mai 1993 Lothar Fischer

Quellennachweis der Abbildungen

George Grosz Estate, Princeton, N. J.: 2, 6, 9, 13, 14, 17, 19, 25, 32, 42, 43, 51, 67, 69, 73, 75, 80, 83, 87, 88, 90, 91, 95, 98, 105, 114, 115, 119, 123, 125, 126, 129, 132, 134, 139, 140. Sammlung Lothar Fischer: 10, 22, 59, 62, 64, 70, 71, 85, 96, 107, 111. Aus: Paul Thiel: Lokal-Termin in Berlin. Berlin 1988: 20. Schiller-Nationalmuseum, Deutsches Literaturarchiv, Marbach a. N.: 23 (reproduced by courtesy of David Meidner, Kibbutz Shluchot, Israel). Aus: Jürgen Schebera: Damals im Romanischen Cafe. Frankfurt a. M., Wien 1988: 27. Berlinische Galerie, Berlin: 34, 57. Bildarchiv Preußischer Kulturbesitz, Berlin: 35, 54, 60, 120. Aus: Neue Jugend, Heft 7: 36. Archiv der Akademie der Künste, Berlin: 47, 101. Staatsgalerie Stuttgart: 48. Kunstsammlung Nordrhein-Westfalen, Düsseldorf: 52. Sächsische Landesbibliothek, Abt. Deutsche Fotothek Dresden: 53. Aus: Dada-Almanach. Berlin 1920: 78. Städtische Kunsthalle Mannheim: 93 © VG Bild-Kunst, Bonn, 1993. Ullstein Bilderdienst, Berlin: 94, 116. Lotte Schmalhausen: 99. Institut für Zeitgeschichte, München: 122. Busch-Reisinger-Museum, Cambridge, Mass.: 130. Fogg Art Museum, Harvard University, Cambridge, Mass.: 133, 136. Rowohlt Verlag: 138.

Namenregister

Die kursiv gesetzten Zahlen bezeichnen die Abbildungen

Über die Autoren

Lothar Fischer wurde 1932 in Freital bei Dresden geboren. Ab 1949 freier Mitarbeiter an Zeitungen, dann bis 1952 Redakteur in Ost-Berlin. 1958 bis 1961 Studium des Faches Kunsterziehung an der Pädagogischen Hochschule Berlin. 1962/63 Stipendiat der Stiftung Mitbestimmung, USA-Aufenthalt. 1964 Master of Arts der Western Michigan University, Kalamazoo/Michigan. Schuldienst in Berlin und Lehrbeauftragter an der Pädagogischen Hochschule. 1969 Veröffentlichung einer Monographie über Max Ernst (rowohlts monographien Bd. 151), 1979 über Heinrich Zille (rowohlts monographien Bd. 276), 1981 über Otto Dix.

Helen Adkins, Kunsthistorikerin. 1960 in London geboren, lebt in Berlin. Ab 1978 Studium der Kunstgeschichte und der Anglistik an den Universitäten von Berlin (F. U.) und Freiburg i. Br. Seit 1986 Mitarbeit bei zahlreichen Ausstellungen. Publikationen vor allem über Berlin-DADA und deutsche Kunst der zwanziger Jahre, russische Avantgarde sowie über deutsche Künstler im englischen Exil.